招人喜欢的社交礼仪

徐先玲　梁淇　编著

中国商业出版社

图书在版编目（CIP）数据

招人喜欢的社交礼仪 / 徐先玲，梁淇编著 .—北京：中国商业出版社，2017.10

ISBN 978-7-5208-0059-4

Ⅰ.①招… Ⅱ.①徐… ②梁… Ⅲ.①社交礼仪—青少年读物 Ⅳ.① C912-49

中国版本图书馆 CIP 数据核字 (2017) 第 231694 号

责任编辑：唐伟荣

中国商业出版社出版发行
010-63180647　　www.c-cbook.com
（100053　北京广安门内报国寺 1 号）
新华书店经销
三河市同力彩印有限公司印刷

＊

710×1000 毫米　16 开　12 印张　195 千字
2018 年 1 月第 1 版　2018 年 1 月第 1 次印刷
定价：35.00 元

＊　＊　＊

（如有印装质量问题可更换）

第一章 仪容仪表的礼仪……………………… 1

1. 保持良好的仪表风度 ………………………2
2. 恰到好处地"秀"出自己 ……………………6
3. 巧用发型改变自我 …………………………8
4. 化出一副优雅的面孔 ………………………10
5. 做优质男生、文雅淑女 ……………………12
6. 服装搭配有讲究 ……………………………13
7. 根据场合选择合适的服装 …………………16
8. 男生更要注意外表和着装 …………………18
9. 小配饰还需巧用 ……………………………20
10. 女生着装的 TOP 原则 ……………………22

第二章 行为举止的礼仪………………………25

1. 优美的体态为你加分 ………………………26
2. 让你的表情传情达意 ………………………27
3. 学会利用眼睛的语言 ………………………30
4. 让情感从手心传达 …………………………32
5. 运用手势表达意思 …………………………35
6. 站出健康与自信 ……………………………37
7. 坐出端庄与稳重 ……………………………38
8. 正确的步态 …………………………………39
9. 举止得当 ……………………………………40
10. 微笑是你最好的名片 ………………………41

第三章 语言谈吐的礼仪………………………43

1. 如何恰当地自我介绍 ………………………44
2. 介绍他人要恰如其分 ………………………45

3. 礼貌文雅让人广结良缘 …………………………… 47
4. 不要忘记他人姓名 ………………………………… 51
5. 基本的交际用语要掌握 …………………………… 53
6. 根据场合和对象来选择话题 ……………………… 55
7. 让你的谈话达到最佳效果 ………………………… 57
8. 交谈也有禁忌 ……………………………………… 59
9. 把握好开玩笑的分寸 ……………………………… 60
10. 恰当的赞美有秘诀 ………………………………… 62

第四章　餐饮礼仪 ………………………………… 65

1. 参加宴会的基本礼仪 ……………………………… 66
2. 中餐礼节知多少 …………………………………… 67
3. 莫把西餐当中餐吃 ………………………………… 69
4. 自助餐——"少取多跑"最要紧 ………………… 71
5. 静静享受咖啡的浪漫情调 ………………………… 73
6. 酒桌上的礼仪细节 ………………………………… 75
7. 聚会致辞 …………………………………………… 77

第五章　馈赠礼仪 ………………………………… 79

1. 送礼送到心坎上 …………………………………… 80
2. 送礼的方式 ………………………………………… 82
3. 赠送礼品的场合和时机 …………………………… 84
4. 送礼语言要得体 …………………………………… 86
5. 如何受礼和答谢 …………………………………… 89
6. 把握送礼的尺度 …………………………………… 92
7. 如何挑选理想的礼物 ……………………………… 93
8. 送礼的禁忌 ………………………………………… 96
9. 好礼还需巧包装 …………………………………… 97
10. 送给同学的友谊 …………………………………… 100

第六章　通信礼仪·················101

    1. 打电话的礼仪细节　·················　102
    2. 礼貌使用手机　·····················　106
    3. 使用手机铃声的礼仪　·················　108
    4. 打电话的注意事项　··················　111
    5. 网络世界的礼仪　···················　114

第七章　交往礼仪·················117

    1. 适当的社会交往对青少年的成长有益　········　118
    2. 摆脱社交恐惧心理　·················　120
    3. 既要保持自尊，又要尊重别人　···········　123
    4. 养成与人主动交往的习惯　·············　125
    5. 养成恭敬待人的习惯　················　126
    6. 不要打听别人的隐私　················　128
    7. "唯我独尊"行不通　················　130
    8. 与父母相处的礼仪　·················　131
    9. 与老人相处的礼仪　·················　133
    10. 问候老师的礼仪　··················　135
    11. 向老师提意见要讲分寸　··············　137
    12. 同学之间莫攀比斗富　···············　138

第八章　拜访和探视的礼仪············141

    1. 走亲访友要讲礼节　·················　142
    2. 合适的称呼很重要　·················　143
    3. 做一个善解人意的拜访者　·············　145
    4. 家庭聚会时的礼仪细节　··············　146
    5. 邀请朋友来家中做客的礼节　············　149

6. 春节拜年的礼节 …………………………… 150
7. 做客时的言谈举止 …………………………… 152
8. 祝寿的礼节 …………………………… 153
9. 探望病人的时机 …………………………… 154
10. 探望病人的语言艺术 …………………………… 155
11. 慎选探望病人的鲜花、水果 …………………………… 156

第九章　公共场所中的礼仪 …………………………… 159

1. 遵守社会公德 …………………………… 160
2. 课堂上的礼仪 …………………………… 162
3. 课间礼仪 …………………………… 164
4. 典礼仪式的礼仪规范 …………………………… 164
5. 参加学校运动会的礼仪 …………………………… 167
6. 会议礼仪 …………………………… 168
7. 自习室里不要"霸占座位" …………………………… 169
8. 阅览室里的礼仪规矩 …………………………… 170
9. 小小宿舍礼仪多 …………………………… 172
10. 社交场合的 Lady First …………………………… 174
11. 观赏体育赛事的注意事项 …………………………… 176

第十章　交通出行中的礼仪 …………………………… 179

1. 坐飞机的礼节 …………………………… 180
2. 乘小轿车的礼节 …………………………… 181
3. 乘公共交通工具的礼仪 …………………………… 183
4. 坐火车的礼节 …………………………… 184
5. 乘坐船舶的礼仪 …………………………… 185

第一章
仪容仪表的礼仪

招人喜欢的 社交礼仪

1. 保持良好的仪表风度

大部分年轻人对自己的容貌都不满意，认为自己是丑小鸭，在社交场合黯淡无光。其实即使其貌不扬，如果你让自己保持整洁卫生，只要行为、个性上没有大的瑕疵，一样可以成为有风度的人。干净整洁有两个方面：身体的清洁和衣着的美观。这两个方面如影随形。

外表被认为是内在的反映。高尚的理想、活泼健康的生活和工作本身与个人卫生的不整洁都是势不两立的。一个忽视清洁的年轻人也会忽视他的心灵，这是一个统一的整洁。一个不注意仪表的年轻人很难让他人喜欢。

出于审美和道德的考虑，去遵守清洁的原则，这对于维护自身利益也相当必要。许多人因为个人形象不好而好运成空。

要保持良好的仪表和风度，最重要的一点就是要经常注意自己的个人形象。对头发、手和牙齿的护理也相当重要，一定要细致周到，不能马虎草率。修剪指甲的用具很便宜，人人都买得起。如果你实在买不起一整套用具，你可以只买一把指甲刀，把指甲修剪得光滑干净。护理牙齿是件简单的事，然而，人们在牙齿卫生上犯的错误可能要比在其他方面犯的错误更多。有一些年轻人，他们衣着考究，对自己的仪表非常在意，但他们却忽视了自己的牙齿。他们没有意识到，人的仪表中没有比脏牙、蛀牙或是缺了一两颗门牙更糟糕的缺陷了。呼吸当中的恶臭更令人无法忍受。如果知道有这种后果，就没有人会忽视他的牙齿了。

一位资历相当高的银行总裁，就规定男性员工不可以穿白色袜子，所有员工的制服均为统一定制的可以表现出专业性的合身西装与套装。因为外表是给别人的第一印象，而超过九成的人会以第一印象来评断是否要与这个人有进一步的交往。

对于那些在社会上谋生的人来说，关于衣着的最佳建议可以概括为一句话：

第一章
仪容仪表的礼仪

"让你的衣着得体，但不需要昂贵。"

衣着朴素具有最大的魅力，现在市面上有大量物美价廉的衣物可供选择，大部分人都能买到得体的衣服穿。但是如果条件所限，不能买到更好的衣服，也不必为一套寒酸的衣服害羞。不可避免的寒酸不会让人产生反感，但是邋遢却使人一见之下顿生厌恶之心。只要你是人为地打扮自己，不管多穷，你都可以穿得很得体。应该有意识地尽量拿出最好的仪表，注意干净整洁，保持自尊和真诚，这样才能帮助你渡过重重难关，带给你尊严、力量和魅力，使你赢得别人的尊敬和钦佩。

衣服不能造就一个人，但好衣服也许能帮助人找到一份好工作。如果你有400元钱，又需要一份工作的话，最好花200元买一套衣服，花150元买一双鞋，剩下的钱买一个刮胡刀、一根干净的领带，然后去找工作。千万不要带着钱，穿着一身破旧西装去应聘。

多数大公司规定不雇用衣衫褴褛、邋里邋遢，或是应聘时衣冠不整的人。一家零售商店的招聘主管说："招聘的原则必须严格遵守，对于一个应聘者来说，经受住考验的最重要条件就是他的仪表。"

一个应聘者具备多少优点和能力没有关系，但他必须重视自己的仪表。璞玉浑金的价值不知要比抛光的玻璃高出多少倍，但是有时候就是明珠暗投。有些应聘者凭借良好的仪表获得了一份工作，也许那些被拒之门外的人要比他们优秀得多。如果一个好的、有风度的个人形象能有助于你走向成功，那就应该全力塑造你的个人魅力。这是对自己的尊重，也是对别人的尊重。

越是注意个人清洁卫生和衣着整洁的人，就越能认真地完成工作。个人生活邋遢的人工作也会马马虎虎。而关注仪表的人也同样在意工作的效果。事实上，关注个人习惯和整体仪表，就会对邋遢散漫的习惯产生警觉。

此外，一个人的形象，除衣着外，更需"心装"，也就是内心要有足够广博的知识来支撑个人魅力，这就是所谓的"知识美容"。否则，很容易被人看清在精致的外表下包装的只是一个"侏儒"的心灵。

通常，一个人最吸引我们的，不是容貌的美丽，而是风度。风度美就像艺术美一样，在于它的流线没有棱角，线条始终保持连续、柔和的弧形。有很多人的心灵之所以不能更上一层楼，向世人展示更优美的品质，正是由于个性中存在的棱棱角角。无论有什么样出色的品质，一旦表现出粗暴、唐突、不合时宜，其价值自然而然就会受损。而实际上，只要我们多加修饰，注意举止文明，往往可以事半功倍。

良好的风度是一笔财富。对于有风度的人，所有的大门都向他们敞开。他们即使身无分文，也随时随地会受到人们热情的接待。一个言行得体、谦和友善、助人为乐、举手投足无不具有绅士风范的人，在成功的道路上将会畅通无阻。

有一个故事，说的是有一次伊丽莎白女王在和她的丈夫阿尔伯特亲王说话的时候，流露出了居高临下的语气，伤了亲王作为男人的尊严。亲王就一个人进了自己的房间，把门锁起来。过了大约5分钟左右，有人过来敲门了。

"谁？"亲王问道。

"我，给英国女王开门。"女王傲慢地回答。

但没有丝毫动静，隔了许久，又响起了敲门声音，但温柔多了，还听见一个轻轻的声音说道："是我，维多利亚，你的妻子。"

不用我再多说什么，大家都能猜到门会不会打开，两个人是否会重归于好。

有一个贫穷的牧师，他的经历也非常奇特。一次，他在教堂门口看到几个痞子在嘲笑、捉弄两个老妇人。这两个妇人身上穿着样式很古旧的衣服，遭到众人的哄笑，一下子显得非常窘迫，都不敢进教堂。牧师看见这种情形，过去推开众人，

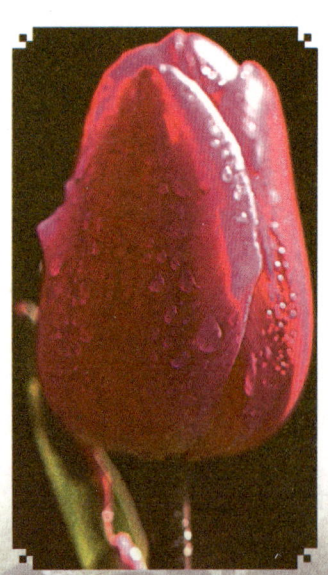

带头领着她们沿中央过道一直走到教堂里面，又帮她们找到座位。两个老妇人虽然和这位牧师素不相识，但在去世的时候，却把一大笔财产留给了他，善心终有好报。

良好的风度足可以替代金钱的作用，有了它就像有了通行证一样，可以畅通无阻。拥有良好风度的人，在哪里都能让人感到阳光一样的温暖，到处受到人们的欢迎。

这正像英国政治家柴斯特菲尔德所说的："一个人只要自身有教养，具有良好的风度，不管别人举止多么不适当，都不能伤他一根毫毛。他自然就会给人一种凛然不可侵犯的尊严，会受到所有人的尊重。

而没有风度的人，容易让人生出侮慢的心理。"

报复心理、憎恶、怨恨、嫉妒等一类的心理特征都是败坏精神生活的毒药，是伤害灵魂的凶手。所以，若要让自己真正变得有风度，那么就应该把自己的慷慨无私、温和善良给予每一个人。

早在两千年前，亚里士多德就曾描述过一个真正有风度的绅士应该是什么样子："无论身处顺境、逆境，一个宽宏大量的人都会追求行事适度。他不期望人们的欢呼喝彩，也不让别人对他嘲弄贬低；成功的时候不会得意忘形，遭受了失败也不愁眉苦脸。他不会去做无谓的冒险，不会随随便便谈论自己或者别人；他不在意别人的诽谤，也不会对人求全责备。"

有风度的人应当表里如一。宝石上了光之后虽然更亮，但首先它必须是宝石。一个真正有风度的人举止温文尔雅、谦逊知礼，不会轻易动怒，更不会主动挑衅。他从不恶意猜度别人，至于自己去作恶，那更是想都没有想过的事情。他努力克制自己的欲望，提高自己的品位，出言谨慎，尊重他人。真正有风度、有教养的人应该像瓷器一样，上釉之前就把图案画好，再怎样煅烧也不会有任何改变，以后即使沾染了什么，也很容易擦去。他们可能会失去很多，但不会丢掉勇气、乐观、希望、德行和自尊，他仍然很富有。

风度就是心灵的风向标。一个有良好风度的人，心灵也是美丽的、健康的。

知识链接

亚里士多德

亚里士多德（公元前384—前322），古希腊先哲，世界古代史上伟大的哲学家、科学家和教育家之一，堪称希腊哲学的集大成者。他是柏拉图的学生，亚历山大的老师。

作为一位古希腊百科全书式的科学家，他几乎对每个学科都作出了贡献。他研究的领域涉及伦理学、形而上学、心理学、经济学、神学、政治学、修辞学、自然科学、教育学、诗歌、风俗，以及雅典法律。亚里士多德的著作构建了西方哲学的广泛系统，包含道德、美学、逻辑和科学、政治和玄学等。

2. 恰到好处地"秀"出自己

"我要秀自己"是时下最流行的语言之一，现代社会是一个处处标新立异、彰显个性的时代，恰到好处地"秀"出自己，可以加深他人对自己的印象，有利于我们拓宽社交面，广交朋友。要想在各种社交场合里把自己最好的一面展现在大家面前，让所有人都记住你，就必须注意以下几个方面：

不要过分掩饰自己的缺陷

每个人都希望自己无论在何时何地都完美无缺，令人羡慕，但现实往往并不能都遂人愿，每个人都会在某些方面有点儿缺陷，就像身材矮小、皮肤黝黑等等。适当的掩饰是可行的，但是我们一定要牢记"过犹不及"的古训，这些缺陷也许是美中不足，但我们要以一颗平常心来坦然地面对，从别的方面来弥补这些不足。

小黑是我们的主人公，而这个名字的得来也是源于她黝黑的肤色。但是，小黑本人并不十分在意自己的肤色，也从不在自己的脸上涂过量的粉来遮盖。她兴趣广泛，热爱运动，是同学、朋友眼中的乐天派，她黝黑的皮肤仿佛成了她独特的标志，透出健康时尚的美。

保持本色不做作

每个人都有属于自己的独特气质和秉性，如同指纹一样，是个人区别于他人的独有标志。"做自己"是我们在任何社交场合必须坚持的一个原则。有些青少年朋友总觉得不自信，自己的气质不如别人高雅，谈吐也不脱俗。于是，就刻意地模仿别人，但这样毫无技巧、没有原则的模仿，往往会呈现出"画虎不成反类犬"的效果，令人哭笑不得，"东施效颦"正是形容这一类人最好的词语。另一方面，保持真实的自我并不等于刻意使自己"鹤立鸡群"，甚至是明明知道自己具有某种不良习惯却固执不改;而是要求我们要保持区别于他人的独特的、健康的个性,这样的人无论走到哪里都是魅力四射、卓尔不群。

恰到好处地"秀"出自己,要求我们的言行举止要落落大方,待人接物要不卑不亢。

用"目光"吸引人:坦荡如水、平静的注视,不要躲躲闪闪不敢直视。从容、平静,如一池风平浪静的湖水,热情而自信,没有丝毫的不安和掩饰,会让所有与你接触的人都如沐春风。

迷人的微笑:发自内心的微笑如同一缕温暖的阳光,赶走所有的尴尬,如同一朵娇艳的花朵在唇边绽放,暖人心扉。

生动的表情:会心的微笑、哈哈大笑、蹙紧的眉毛、悲戚的面容、惊愕的神情……这些都是上天赐给人类最宝贵的礼物,只有人类才有如此生动的表情,即使没有语言,我们一样可以传情达意,交流感情,而这些生动的表情都是你展现自身魅力最好的武器。

众所周知,美国大选时共和党和民主党竞争激烈,候选人的外貌、言行、甚至是一举一动都成为媒体、公众关注的焦点,总统候选人的个人魅力是吸引民众投票的一个重要因素。

2004年美国总统大选,布什取得了连任,这其中有很多的因素,而他胜出的原因之一就是他的对手克里的个人魅力不足。有分析家指出,克里代表民主党出战,挑战总统宝座,虽然具备天时地利人和种种外因,但失败的内因是"推销"自己不力,个人形象不够鲜明,政见不够突出,结果功败垂成。

从媒体报道中我们不难看出,布什牛仔腔调十足,克里则是一副绅士派头。两人虽同是名校耶鲁的毕业生,并同为该校"骷髅会"成员,但美国选民眼中的两位候选人形象却迥然不同。简单说来,布什是那种可以和你坐下来一起喝啤酒的人,而克里则让人产生距离感，难以亲近。

恰到好处地"秀"出自己，不仅可以使你广结朋友，关键时刻为你赢得人气，也可以让你在自己的朋友圈中做一回"总统"。

3. 巧用发型改变自我

发型对造型的重要性是不言而喻的。以前简单的理发、剃头已经演变成了今天的发型设计、美发顾问；理发店也从当年的街边小店演变成了今天规模颇为庞大的专业美容美发机构；从单一的剪发，到今天洗、染、烫等多种手段，发型种类已经变得千姿百态。大家都在用独具特色的发型创造只属于自己的个性风采。但是，不是所有的好看的发型都适用于我们每一个人，根据各人不同的脸型和不同款式的服装，发型也应该有相应的变化。一个绝佳的发型不仅能提升你的个人魅力，还能为你的社交增分不少，下面以女性为例进行介绍。

发型与脸型

椭圆形脸型是每个女生梦寐以求的脸型，椭圆形的脸型不仅秀气，而且适用于各种发型。

中国女孩中，圆脸占很大比重。圆圆的脸像向日葵一样可爱、阳光，但是，又总是给我们带来不少困扰。为了能使脸看起来不那么大，我们可用发型来弥补。如，将头发垂直梳下来，利用头发遮住两颊，可减少两颊的宽度；如果你是喜欢烫发的美眉，则不要选择碎小的波浪，而要选择大波浪，这样可以使你的脸看起来小巧一点儿。

如果你是"国字脸"，也不要犯愁，一样可以用发型来弥补。小圆十分不喜欢自己的"国字脸"，觉得不论怎么打扮都差强人意，与自己的名字简直是截然相反，为了能弥补自己脸型上的不足，小圆特意咨询了美发师，剪了一个新的发型。果然，换了新发型的小圆让人眼前一亮。发型师用头发修饰小圆的下巴和额头，缩小了脸的宽度。而"刘海"则往太阳穴方向梳，有效地遮盖了小圆的方正的额角。小圆的头发并不长，到下巴处，正好用两额垂下的头发遮住了下额。这样一来，小圆真的像换了一个人，原来的"国字脸"真的不见了。

菱形脸的女孩可用蓬松的"刘海"遮住额角，使额角看起来更宽，头发遮住颧骨，增加脸型的柔和感。

倒三角形脸可将头发往上梳，这样会显得头部稍长，可适当地增加两侧头发的分置，尽量使之蓬松，尽量遮住过宽的额角。与之相反的大脸型，就不能梳过于蓬松的头发，而要使头发伏贴在脸颊两侧，以减少脸的宽度。

发型与发质

如果你的头发又直又黑，想烫成卷发，则最好选择大号发卷，梳理成略带波浪的发型，这样会使你的头发显得蓬松自然，尽显迷人风采；

头发细而柔软的你，短发和烫发最适合你，这样会显得朝气蓬勃；

如果你的头发比较稀疏，则最好不要留长发，可以选择把头发烫成细密的小卷，这样会让你的头发看起来比较多。

发型与服装

参加晚宴等比较正式隆重的场合，我们会穿着礼服。这时，发型也有一定的要求，不能像平时那样随便，应将头发作相应的造型。选择什么样的发型，要与你的礼服款式、你的脸型气质相配。最常见的就是把头发盘在脑后，这样会显得比较高贵典雅，十分适合宴会的气氛。

喜爱运动的美眉，在运动时可以将头发扎成辫子，或是束在脑后，这样会显得有精神，极富运动气息。

在职场中，许多女性需要穿着小西装，西装给人的感觉是端庄整洁。因此，我们的发型也要与之相配合，要梳得端庄、大方，不要过于蓬松、前卫，这样可以给人一种干练、精明的印象。

如果你对自己的发型不是很满意，那么不妨去改变一个发型，给自己换一个心情，也给周围的朋友一个小小的惊喜吧！

4. 化出一副优雅的面孔

俗话说："三分长相，七分打扮。"美容化妆可以使我们看起来更加健康、有魅力，同时也是提高自信的有力手段之一。"没有丑女人，只有懒女人"。这句话虽然不太准确，但有一点是可以确定的，即化妆可以掩饰你的不足，突出你的优点，让你整个人看起来朝气蓬勃，光芒四射。

喜剧电影《花田喜事》中吴君如扮演的女主角，为了讨好老公，也精心地化了妆，只是这妆化得实在是不敢恭维。惨白的脸庞，厚重的粉跑起来直往地上掉，血红的大嘴，黑黑的眉毛，使她整个人看起来像女鬼一样，这样的妆容也只能把人吓走了，谁还敢轻易靠近。当然这些都是电影中虚构夸张的内容，在现实生活中，我们当然不可能把自己画得像鬼一样。可是，大街上也随处可见一些没有掌握化妆要领，妆容让人不敢恭维的女生。不好的化妆，不仅不会为人增添光彩，反而会使人看起来别扭，不和谐。

妆容与服饰

正确的化妆不是凭空而来，要根据服装的颜色款式来决定妆容的基本色调。眼影、腮红、口红的颜色不能"信笔由缰"，喜欢什么颜色就画什么颜色，而是要根据服装的颜色来定。

穿着橙色调系列的服装时，眼影可用米色、茶色、橙色、褐色等，面颊可使用棕红系列，口红用橙色系列。

穿着玫瑰色系列的服装时，眼影可选用黄色、桃红、粉红、玫瑰红系列，面颊及口红宜选用玫瑰红系列。

穿着黑色系列的服装时，化妆的色彩搭配范围比较广，大部分颜色都容易与黑色相配。如果是深棕色、深蓝色等深色服装，可根据色彩的冷暖性质来选择相应的化妆色，一般宜淡不宜深。如淡红色的面颊、浅棕色的眼影。

妆容与年龄

化妆可以使我们看起来更加年轻，这也是许多人毕生所追求的。但是，人在每个阶段都有这一年龄段特殊的美。如孩童的天真烂漫，少女的纯情可爱，中年的成熟大方，老年的端庄稳健，得体的妆容可以使人看起来更加健康、年轻，但是如果一味地追求年轻，而忽视了自己的实际年龄，可能会适得其反、不伦不类；相反的，如果过分追求成熟美，而拼命掩盖自己的年龄，这样的化妆可能会让人觉得别扭，而毫无美感。

阿紫今年22岁，长相颇为甜美，大家都说她有明星相。阿紫也颇为得意，常常会刻意地模仿一些明星化妆，涂上厚厚的粉底，擦上浓重的眼影和口红，把自己打扮得比实际年龄成熟得多。可是，她这样的化妆让人看了总觉得不舒服，男朋友也总是觉得她的妆容过于浓烈，反而喜欢她素面朝天的样子，更加的清纯、自然。

其实，像阿紫这样年轻的女孩，完全没有必要把自己打扮得那么成熟。时下非常流行的透明妆会更适合年轻的女孩，若有若无的妆容，透出女孩特有的青春气息，宛如微风拂面，清新自然。如果要出席一些晚会或是聚会，可以稍加修饰，把自己装饰一番，但也不要画得过于浓重，过犹不及就是这个道理。

妆容与身份

不同的身份要配合不同的妆容，如果你是"统领三军"的公司老板，则化妆要显得庄重大方；如果你是招待人员，则不要浓妆艳抹，妆容要自然亲切，不要留下过浓重的痕迹。

好的妆容，可以更好地体现自己的职业特点，配合我们各自的工作。性格开朗的女生或是运动员，化妆要尽量表现出轻松活泼的格调；职业女性，则要表现出自己干练、沉稳的风度；教师、法官、律师的妆容则要简洁明快，清淡素雅……

如果你对自己的长相不是很满意，又没有勇气通过美容手术彻底地改头换面。没关系，只要你了解自身的需要，掌握化妆技巧，一样可以通过化妆换一幅面孔，变得更加年轻，容光焕发。

5. 做优质男生、文雅淑女

美好的第一印象直接关系到我们社交活动的成败。如果说天赋、勤奋与机遇是成功的关键，那么，良好的外部形象将会起到先入为主的神奇作用。青少年朋友在学习生活的过程中处在不同的社交圈里，不可避免地要与人交往，良好的外部形象将为我们的社交生活打开一扇大门。因此，我们的目标就是做优质男生、文雅淑女。

生活中不可能每个人都拥有明星般出众的外貌，但是只要我们有得体的衣着、典雅的举止，一样可以给他人留下深刻的印象。

男生们都希望自己看起来更"酷"，更有男子汉气概。但是如果我们错把冷漠、孤傲、鲁莽、粗野、颓废、暴躁当做男性美来追求，往往会弄巧成拙，事与愿违。

那些拥有高远的志向、高尚的品格、高贵的情操、高洁的人格、高深的学问、高超的技艺、高雅的兴趣的男生，是最有人缘的；而胸无大志、粗俗浅薄的男生则令人厌恶反感。

我们常常会在街头看见一些成群结队的年轻人，穿着奇装异服，发型夸张怪诞，自我感觉良好，却浑不知如此的造型令人生厌。

而女生们则希望自己看起来更加甜美，温柔，善解人意。

晓薇是一名中学三年级的学生，没有让人过目不忘的外表，但周围的同学老师都很喜欢她。活泼开朗的晓薇，脸上总是挂着明朗的笑容，漂亮的马尾辫，干净整洁的衣服，为晓薇加了不少分。同学们评价她是一个热情而不做作，言谈举止恰到好处，相处起来十分舒服的女孩子，是朋友眼中公认的"第一眼"淑女。

那么，究竟怎样的男生女生才是优质男生、文雅淑女呢？

优质男生的标准：面容、头发整洁，修饰得体；衣着干净、大方；勇敢、幽默、诙谐；思维敏捷、善于变通，勤学好问；团结同学、重友情；集体荣誉感强、热心助人；有主见、勇于承担责任、有魅力。

文雅淑女的标准：温柔大方、清纯秀丽；活泼而不疯癫，稳重而不呆板；心直口快，善良随和；聪颖、善解人意；纯真不做作、有性格；能听取别人意见、有主见；坦然、充满自信。

6. 服装搭配有讲究

在现代社会，服装具有越来越强烈的个性特点，一个人所穿的服装往往能传达出性格、爱好和心理状态等多方面的信息。俗话说：人靠衣装马靠鞍。合适恰当的服装搭配，不仅可以弥补你自身的缺陷不足，甚至可以改变你在他人心中固有的形象。而糟糕的穿着，则可能使你整个人黯淡无光，即使是天生丽质，也会遮住你自身的光芒。

色彩搭配

从视觉效果上讲，色彩在人的知觉中是最领先、最敏感的。一位世界知名的时装设计师曾经说过："色彩不仅可以完全改变一个女人的外表，而且可以完全改变她的气质，不管她是演员还是家庭主妇。"

近些年来，一个新兴的行业受到了很多人的欢迎，它有一个时髦的名称：色彩顾问。他们专门为他人提供穿衣化妆方面的色彩搭配服务，根据客户的肤色、气质、体形等为其提供专业的色彩顾问服务，让客户的服装色彩搭配更加合理，丰富客户的穿衣哲学。

根据色彩明暗度的不同来搭配，可以形成一种和谐的美感，但我们还要注意深浅色的衔接不能太生硬，要尽量过渡得自然。

相近的颜色

如橙色与黄色、蓝色与绿色的搭配等，在搭配时要在明暗度或鲜艳程度上加以区别。

相排斥的颜色

红配绿、黄配紫等相排斥的颜色搭配多年来是服装搭配的一个禁忌，一旦搭配不好，就会使整个人显得"不协调"，怎么看都觉得别扭。但随着"混搭风"的流行，红配绿、黄配紫再也不是"老土"的象征，只要搭配得当，同样会收到意想不到的效果。

肤色与服装颜色

服装色彩能影响甚至改变人的肤色在他人感官中的印象。人的肤色会因服装色彩的不同，给他人的感官带来微妙的变化。生活中我们会发现，有的颜色会使人的皮肤显得更黄、更黑；而有的颜色则会使人的肤色显得红润有光泽，整个人也因此变得更加精神抖擞、朝气蓬勃。因此，我们在为自己选择服装的同时，要注意服装颜色的选择。皮肤黄且偏黑的人，忌用大红色、黑色、紫色等深色调的颜色，可以选择白色、黄色等暖色调，当然粉色还是不要轻易尝试。

量体裁衣

人的身材有高矮胖瘦之分，穿衣服的时候，不要看见漂亮的衣服就忍不住花钱购买，还要考虑自己的体形是否适合这套衣服，否则就会将你的体形不足暴露无遗。

胖胖的体形

女孩子们常常会为自己偏胖的体形发愁，除了减肥这个方法以外，还有没有更好的办法让自己看起来更苗条呢？如果你的身材偏胖，就要选择一些剪裁流畅、柔和、带有流线型线条的衣服，避免穿一些紧身的或带有水平线条的服装，这样的衣服只会让你看起来更加肥胖。

瘦瘦的体形

身材过瘦的人可以选择设计上有很多层次的服装,这样可以很好地掩饰你消瘦的身材,太窄太紧或是像水桶一样的服装最好不要轻易尝试。

高个子

选择线条流畅的服装,但不要选有垂直线条的衣服,色彩上可以选择一些较为鲜艳的服装转移你"过人的身高"。

矮个子

身材较矮的人也没有必要自卑,可以从服装上着眼,使你的身材看起来更高。带有垂直线条的服装,有很好的拉伸效果,避免穿水平线条的服装。女孩子们喜欢穿靴子,这时裙摆就要盖过靴口,裤脚也要盖过鞋口。

男孩子总是不明白女生为什么对服装这么着迷,其实原因很简单,穿衣打扮有很多学问,也充满了奥秘。另外,男孩子也可以认为是"女为悦己者容",这样一来就可以为约会迟到的女孩子找到一个合理的解释,因为女孩子们面对成堆的衣服不知该如何选择而耽误时间是在情理之中的。

知识链接

撒切尔夫人

玛格丽特·希尔达·撒切尔,英国右翼政治家,第49任英国首相,1979—1990年在任,她是英国第一位女首相,也是自19世纪初利物浦伯爵以来连任时间最长的英国首相。她的政治哲学与政策主张被通称为"撒切尔主义",在担任首相期间,对英国的经济、社会与文化有深远的影响。2013年4月8日,撒切尔夫人因中风病逝,终年87岁,骨灰被安葬在切尔西皇家医院墓地。撒切尔夫人曾四次访问中国,并于1984年在北京签署了《中英关于香港问题的联合声明》,为香港回归中国奠定了坚实的政治基础。

7. 根据场合选择合适的服装

英国前首相撒切尔夫人曾经说过："衣着美丽整齐，使人看了有赏心悦目之感……一个人的服装可以衬托出这个人的气质。"

美国的行为学专家迈克尔·阿盖尔曾经做过一个实验：他本人以不同的衣着打扮出现在某市的同一地点。当他西装革履、风度翩翩地出现时，所有向他问路、问时间的人，大多数是彬彬有礼的绅士阶层的人；当他破衣烂衫、蓬头垢面出现时，接近他的多半是流浪汉、无业游民等。

日本著名推销大王齐藤竹之助在他的自传体专著《高明的推销术》中说："服装虽不能造出完人，但是初次见面给人的印象90%产生于服装。"

现代社会，相信大多数人都十分清楚服装对我们的重要性。服装的含义已经远远超出了御寒，更多的是为了美化我们自身，或是方便我们的行动……由此也衍生出了不同场合、不同功用的服装，我们日常的穿着也应该随着场合的变化而改变。

实际上这是一个很简单的问题，我们在个人活动的场合，如在家中往往会穿着随便舒适，无论怎样也不会妨碍别人；在公共场合，我们自然要穿着整齐干净，整洁也是对我们最基本的要求。在一些正式的、职业的场合，对服装的要求往往更加严格，来不得丝毫的马虎。

社交场所

比较正式的社交场合对服装的要求比较严格，随随便便的穿着不适合气氛颇为正式的场合。即便是你穿着休闲服身在其中，恐怕也会吸引来众人异样的目光，让你如坐针毡。

一般在正式的社交场合，男士应穿着深色的、质地好的西装，可以根据不同的活动主题选择合适的领带；而女士一般需要穿着一些做工精细、合体的礼服，可以配合服装选择一些饰品或是手袋。

职业场所

大多数人都过着朝九晚五的生活，即我们所说的上班族。职业的不同对着装的要求自然也有所区别。有些工作没有统一的职业装，但是整洁干净是最基本的要求。对于那些有统一着装要求的职业来说，着装就不仅仅是干净整洁这么简单了。职业装可以显示出某个职业的与众不同之处。服装设计师的着装永远是走在时代的最前沿，新潮时尚，他们常常会一天换一件衣服，每天都是新鲜的；而作为园丁的教师，着装上就不能走前卫路线，他们的服装要符合教师的职业特点，要整洁舒适；银行、保险等职业则要求男士着西装，女士穿职业套装；护士、医生也都有各自的职业装。总之，不同行业、不同工种都有各自的着装要求。

运动场所

生命在于运动。越来越多的人在业余生活中喜欢出去运动一下，从羽毛球、乒乓球这些简单的运动，发展到现在的网球、壁球、保龄球、高尔夫球、骑马等运动，我们可以选择的运动种类越来越丰富。运动时的着装有一个基本的要求，就是要舒适、便于活动。而一些运动则有着自己的着装要求，比如骑马，有专门的骑马装；网球、高尔夫球也各有自己的一套服装。我们在参加这些活动的时候，要提前准备，避免措手不及，扫兴而归。

娱乐场所

诸如音乐会、歌剧、交响乐这类的娱乐活动，对着装的要求较为严格，尤其在国外，一般要着正装。背心、拖鞋这样不雅的着装是极为不合适的。在一些休闲娱乐场所，如歌厅、舞厅我们则可以选择一些轻松休闲类的服装，在这些场合穿得过于死板严肃反而会被视为异类。

现实生活中还有很多具体的场合，对服装的要求也不尽相同，我们要灵活掌握，根据场合的不同选择合适的服装。

8. 男生更要注意外表和着装

很多人认为爱打扮只是女生的专利，男生若是过于注重外表就是一种自恋。这样的思想早已落后于时代，是不可取的。现代社会，男生也要注意自己的外表和穿着。

保持面部清爽干净

女孩子们都知道，护肤的第一步是要清洁皮肤，如果清洁做得不到位，之后的任何护肤步骤都不能收到理想的效果，只能是事倍功半。更有甚者，如果皮肤没有得到很好的清洁，长此以往，脸上容易长痘痘。男生们现在也要注意这一问题，清洁皮肤是人人该做的。常听到很多男生抱怨自己的"女生缘"不好，当然这是由很多因素造成的。但是，相信没有一个女生愿意和一个不注意自身清洁，每天都是一副脏兮兮模样的男生走得过近。现在市面上也有很多品种的男士专用的面部清洁用品，是专门针对脸部比较爱出油的男生的。当然在洁面后，也要随之注意保持脸部的清爽干净，多余的油脂可使用吸油面纸吸去。这样一个脸部清爽干净的男生，即使长相不帅，也一定拥有大群的"粉丝"。

当然男生们只要保持面部的清洁就足以了，无须像女孩子那样进行过多的修饰。多余的修饰无异于画蛇添足，涂脂抹粉就更没有必要，这样会让男子汉气概大打折扣，甚至会显得不伦不类。

男生也要穿出自己的品位

虽然男式服装比起款式多样、颜色鲜艳的女式服装要显得简单一些，但是，这并不意味着男生就可以不注意自己的穿着打扮。男生着装也要符合身份。如果你要到一家公司去面试，那么是否必须要穿西装打领带？其实很简单，如果你是个白领，要跳槽，那为了表示你的训练有素，就要穿套装去。但是如果你还是学生，着装则要朴实无华、自然而然，和你学生身份相称足矣，没有必要打扮得过于刻意。

"有味道"的男生

很多男生都希望自己更具阳刚气，充满豪放的魅力，做一个"有味道"的男生，这无可厚非。但是有些男生却把这里的"味道"误认为男性由于生理特征所散发出来的"味道"，就大错特错了。

男性的汗腺一般都比较发达，出汗后会有一股酸臭味，尤其是在炎热的夏季，在人群密集的地方这种味道常常令我们避之不及。而有的男生却把这种味道理解成为男人特有的"魅力"而不注意自我清洁，这种想法真是让人哭笑不得。很多男生都热衷于运动，而且大部分还是一些比较激烈的运动，像足球、篮球等。很多男生都很喜欢运动过后大汗淋漓的感觉，但是"你喜欢并不代表我也喜欢"，女生们对男生浑身的汗味就很有意见。有的男生在运动过后，带着满身的"臭汗"就去上课，试想一下，在教室这个相对封闭的空间里，人数众多，一个男生身上的汗味我们可以忍受，但是如果是一群男生，那恐怕就难以忍受了。因此，男生们最好能勤快一些，在运动完后洗个澡，换身干净的衣服再赶去下一个活动，这样会让彼此都觉得神清气爽。

如果上述的几点你都做到了，那么你现在只要注意自己

的精神面貌，做到表里如一，积极向上，对生活充满信念，你就是一个"魅力"男生了。

9. 小配饰还需巧用

帽子、项链、戒指、耳环、墨镜、胸花，还有款式多样的包，是我们扮靓自己必不可少的配饰。尤其是爱美的女孩子们，在她们的百宝箱中肯定少不了这些小小的配饰，有的甚至多到可以开一家小小的饰品店。而一向看来不拘小节的男孩子们，近些年来似乎也喜欢上了这些配饰，帽子、墨镜自然是男孩子们的首选。一些过去是女孩子们专属的饰品，像戒指、项链甚至是耳环，也都被男孩子们巧妙地派上了用场。其实，只要搭配得当，不论是男孩还是女孩，不论是耳环、戒指还是帽子、墨镜，都可以戴出自己的个性与风采，成为"万众瞩目"的焦点。当然，这些配饰的选择与佩戴也关系到礼仪，尤其是在正式的社交场合，配饰的选择与佩戴同服装、发型一样重要。

造型的佳品——帽子

帽子作为我们造型的佳品，受到男女老少的欢迎，无论是材质、色彩还是款式，可以说是应有尽有，甚至是无奇不有。我们在选择帽子的时候，不仅要照顾款式，更应该注意色彩、大小、高矮与自己的肤色、体型、身材的关系，尽量让帽子发挥扬长避短的作用。

以前歪戴帽子被认为是街头"小混混"，现在帽子有的要正戴，有的却必须歪戴，才能取得最佳的视觉效果。需要歪戴的帽子如果被我们戴正了，恐怕就会缺少一种味道，甚至有些"傻"。一般来说，正戴帽子会显得比较庄重严肃，使脸型显得更加丰满、端庄；而歪戴帽子则显得活泼妩媚，也会让我们看起来更加清瘦俏皮。

当我们参加各种活动，或是上门做客时，进入室内场所都应脱帽，并视情况脱掉大衣、雨衣等。男士在室内的时候，不能戴帽子和手套；而女士的手套、披肩等，作为礼服的一部分允许在室内穿戴。

酷酷的墨镜

原本是用来遮挡阳光的太阳镜现在被我们广泛运用在生活中，成为一种修饰五官的饰物，有时候我们即使不把墨镜戴在脸上，也会用在其他地方做造型。

无论是谁，只要戴上墨镜，就会凭空生出几分神秘感，显得严肃、深沉。墨镜的颜色与款式选择恰当会衬托你的脸型和肤色。

墨镜在材质、颜色、款式上千姿百态，我们在选择的时候要慎重，要考虑自己的脸型、肤色、发型等因素，重视整体效果。

佩戴墨镜的礼仪规范是：参加室内活动时，不要佩戴墨镜。在室外，遇有礼仪活动时也不要佩戴墨镜。如患有眼疾必须要戴墨镜，则应该向主人或客人说明情况，在与人握手、说话时应摘下墨镜，等到离别时再戴上。

手提包

女性的手提包是出席正式场合时重要的饰物。精美的手提包使人赏心悦目，可以在动态中显示出女性独特的魅力，自古以来就受到高雅女性的青睐。小型手提包面料、款式应有尽有，选择手提包的原则是小巧、新颖、别致、协调、装饰性强。

挂肩型手袋比小型手提包稍大一些，带子长一些，可挂在肩上，是女性出席正式或非正式社交场合的既美观又实用的装饰品。

戒指佩戴有讲究

戒指是男生和女生共同的朋友，无论男女都可以佩戴，但是戴在哪个手指上却大有文章，传递出的信息是不同的，需要我们格外地注意。

一般来说，戒指戴在食指上，表示尚未恋爱，正在求偶中；戴在中指上，表示已有意中人，正在恋爱中；戴在无名指上，表示已正式订婚或已结婚；而戴在小指上，则表示誓不婚恋，笃信独身主义。由于戒指的不同佩戴方式有不同的含义，我们在参加正式活动时一定要严格区分，以便正确把握自己，了解对方，避免失礼。

另外，常用的耳环和项链的佩戴也有相应的讲究，最重要的是要与自己的脸型、肤色和服装相协调，还要注意所在的场合。掌握了这些要点，相信你可以游刃有余地佩戴这些饰品，为你增添无限光彩。

知识链接

达·芬奇

达·芬奇全名是列奥纳多·迪·皮耶罗·达·芬奇，出生于儒略历1452年4月15日，毕业于意大利理工学院，1519年5月2日逝世，是意大利学者、艺术家。他是一位思想深邃，学识渊博、多才多艺的画家、天文学家、发明家、建筑工程师。他还擅长雕塑、音乐、发明、建筑，通晓数学、生理、物理、天文、地质等学科，既多才多艺，又勤奋多产，保存下来的手稿大约有6000页。他全部的科研成果尽数保存在他的手稿中，爱因斯坦认为，达·芬奇的科研成果如果在当时就发表的话，科技可以提前30~50年。现代学者称他为"文艺复兴时期最完美的代表"，是人类历史上绝无仅有的全才，他最大的成就是绘画，他的杰作《蒙娜丽莎》《最后的晚餐》《岩间圣母》等作品，体现了他精湛的艺术造诣。他认为自然中最美的研究对象是人体，人体是大自然的奇妙作品，画家应以人为绘画对象的核心。小行星3000被命名为"列奥纳多"。他最著名的作品《蒙娜丽莎》现在是巴黎卢浮宫的三件镇馆之宝之一。

10. 女生着装的TOP原则

"云想衣裳花想容"，相对偏于稳重单调的男生着装，女生的着装则亮丽丰富得多。得体的穿着，不仅可以显得更加美丽，还可以体现出一个现代文明人良好的修养和独到的品位。

随着社会的发展，人们现在的穿着在某些情况下已经不再仅仅是个人的事情，能否穿出自身的魅力，关系到我们的人际交往。穿衣打扮已经逐步发展成为一门艺术，每个人都有自己独特的穿衣哲学，不过并不是每个人的穿衣哲学都是符合自己风格的。在大街上，我们总能看到一些穿着入时，但是却总有些别扭的时尚女郎，问题也许就出在她们自己身上。

女生着装要注意一个 TOP 原则。TOP 是三个英语单词的缩写，它们分别代表时间（Time）、场合（Occasion）和地点（Place），即着装应该与当时的时间、所处的场合和地点相协调。

时间原则

"T"原则，即时间原则，穿戴服饰要注意时代性、四季性、早晚性，不同时段的着装规则对女生尤其重要。青少年朋友大部分时间都是在学校度过的，学习是我们最主要的任务。关于穿什么样的衣服，其实很简单，如果学校要求穿着校服，那我们也不用费心去挑选衣服；如果无须穿校服，那么就选择一些符合学生身份的服装即可。无须过多的装饰，也不要夸张的造型，只要干净整洁，能体现出青少年朋友蓬勃向上的精神状态即可。当然，服装的舒适性也很重要，要利于我们日常的学习和参加体育锻炼。时间原则，就是要求我们根据时间的不同改变我们的服装。青少年朋友在课余时间，则可以让我们的爱美之心解放一下，穿上美丽时尚的衣服自由地呼吸。当然，过分的夸张或走异类路线还是不可取的。另外，服装的选择还要适合季节气候特点，春夏秋冬四季不同，我们的服装也要随时变化。

场合原则

"O"原则，即场合原则，衣着要与场合协调。这个原则其实也很容易理解：

上学时，我们要穿着校服或是整洁的服装；听音乐会或看芭蕾舞，则应按惯例着正装；参加朋友聚会、郊游等场合，着装应轻便舒适。试想一下，如果你参加朋友的野炊聚会，却一身礼服，穿得十分正式，大家都会觉得你迂腐、俗气、不合时宜，甚至对你敬而远之。同样的，如果以便装出席正式宴会，不但是对宴会主人的不尊重，也会令自己颇觉尴尬。

地点原则

"P"原则，即地点原则，服装要随着地点的变化而变化。青少年朋友如果是在自己家里接待客人，可以穿着舒适整洁的休闲服；如果是去拜访老师或是长辈，则要穿得略为正式些，这样也是对所要拜访的人的尊重。外出时要顾及当地的传统和风俗习惯，如去教堂或寺庙等场所，不能穿过于暴露或过短的服装。

另外，我们在着装时，还有一些细节需要注意。

整洁平整

服装并非一定要高档，但必须保持整洁，穿起来就能大方得体，显得精神焕发。在学校里常常会见到一些学生，虽然穿的是校服，乍一看没有什么不雅，但仔细一看，她们身上的校服简直可以和"乞丐装"一较高下了。脏兮兮的一看就是好久没有洗过了，有的衣服上还破了好些洞，看起来实在是不雅。其实，保持整洁并不完全为了自己，更是尊重他人的需要，这是良好仪态的第一要务。

色彩技巧

不同色彩会给人不同的感受，如深色或冷色调的服装让人产生视觉上的收缩感，显得庄重严肃；而浅色或暖色调的服装会有扩张感，使人显得轻松活泼。因此，青少年朋友可以根据不同需要进行选择和搭配。

配套齐全

此外，鞋、袜、手套等的搭配也要多加考究。如袜子以透明近似肤色的或与服装颜色协调的为好，带有大花纹的袜子不能登大雅之堂。正式、庄重的场合不宜穿凉鞋或靴子，黑色皮鞋是适用最广的，可以和任何服装相配。

第二章
行为举止的礼仪

1. 优美的体态为你加分

达·芬奇曾经说过："从仪态知觉人的内心世界，把握人的本来面目，往往具有相当的准确性和可靠性。"用优美的体态表达礼仪，比语言更让对方感到真实、美好和生动。由此看来，拥有优美的体态，对于我们每个人来说都具有非同寻常的意义。也许很多青少年朋友认为，生活就是图个自在、随性，如此严格的要求，就如同上了一道牢固的枷锁，动弹不得。实际上，优美的体态与自在的生活并不矛盾，二者可以很好地兼容在一起。

体态，是人的身体姿态，又称仪态，包括了人的站姿、走姿、坐姿、手势及表情等。我们除了用语言来表达感情以外，也常常用体态来表达我们的内心活动。体态语言学大师伯德惠斯·戴尔的研究成果表明：在两个人的沟通过程中，有65%的信息是通过体态语言来完成的。体态语言的信息负载量远远大于有声语言，而且常常比有声语言更真实，它们能够表达有声语言所不能表达的感情，比有声语言更简洁生动。

我们常常可以看到一些人站在那里浑身抖动、摇头晃脑、耸肩、哈腰，有时还故意耍帅，玩弄打火机、香烟盒，这在外人看来是十分不舒服的。在我们日常生活中，根据场合的不同站姿也应当有所变化，但是无论哪种站姿，身体都要保持挺直，所谓"站如松"就是这个道理。男生要站得稳健、挺拔，显示出男性的刚健、潇洒；女孩子则要站得典雅、娴静，体现出女性的柔美、轻盈。

在"007"系列电影中，主人公詹姆斯·邦德总给人一种风度翩翩的绅士印象，这不仅同他英俊的外表、先进的装备、神秘危险的工作有关，还与他时时刻刻都表现出的良好的体态有关。不论何时何地，他呈现在观众面前的始终是一个英俊、挺拔、干练的绅士形象。即使是在走路的过程中，詹姆斯·邦德也是上身挺拔，双目平视前方，表情自然，精神饱满，给人一种积极向上、朝气蓬勃的印象。

只要我们时刻注意自己的体姿，养成良好的习惯，必定会像詹姆斯·邦德那样风度翩翩、潇洒迷人，为提升个人形象加分。

知识链接

罗曼·罗兰

罗曼·罗兰（1866—1944），生于法国克拉姆西。思想家，文学家，批判现实主义作家，音乐评论家，社会活动家。1915年诺贝尔文学奖得主，是20世纪上半叶法国著名的人道主义作家。他被人们称为"用音乐写小说"的作家。另外，罗曼·罗兰的一生为争取人类自由、民主与光明进行了不屈的斗争，他积极投身进步的政治活动，声援反法西斯斗争，并出席巴黎和平大会，对人类进步事业作出了积极的贡献。

2. 让你的表情传情达意

俗话说：人生好比一台戏。在我们身边，每天都上演着各种各样丰富多彩的故事，喜怒哀乐，五味俱全，个中滋味都需要我们自己来品尝。于是就有了我们各种各样的表情，每一个表情都能传达出不同的内心感受，妙不可言。法国著名作家罗曼·罗兰曾经说过："面部表情是多少世纪培育成功的语言，是比嘴里讲的更复杂千万倍的语言。"表情会随着我们心情的不同而发生微妙的改变。

当然，在我们日常生活中，最愿意看到的就是微笑的表情，微笑可以给人如沐春风的感觉。香港《大公报》曾经报道过这样一则消息：美国爱达荷州的波卡特罗市在1993年重申，要求市民遵守该市在40年前通过的一项法令，即市内所有的人不得愁眉苦脸和拉长脸孔，违者将处以罚款。该市市长解释说，恢复这样法令的目的，在于鼓励市民以乐观的态度对待逆境，同时也让所有市民生活在一个令人愉快的环境之中。

现代传播学认为：人际交流的核心组成部分是表情。美国一位心理学家的研究指出：一个信息的传达=7%的语言+38%的语音+55%的表情。可见表情在传达我们内心感受和信息的过程中占有举足轻重的地位。对于语言来说，表情更为直观和生动，我们常用的表情有以下几种：

头部动作

点头表示同意、肯定、赞赏、满意等，当然我们在打招呼的时候也会用到"点头"，表示致意、客气、恭顺等情感；摇头一般表示否定、反对、阻止或不以为然。

在社交活动中，头部动作的不同，也可以反映出人的不同心态——

身体直立，头部端正：表示自信和庄重；

头部前倾：表示认真倾听，同情和关心；

头部倾斜：表示对对方的话颇感兴趣。

我们常用的成语，有很多都是我们生动表情的写照，譬如说"怒发冲冠""耳鬓厮磨"等，可谓数不胜数。

面部表情

说到表情达意，面部丰富的表情远胜过头部。面部表情是一个人内心情绪的外在表现，常常能体现出一个人的个性和此时此刻的心情。溢于言表就是这个意思。我们常常说的"察言观色"，就是说通过观察某个人的面部表情就可窥视他此刻的心情。面部表情的"词汇"最为丰富，也最具表现力，它能最迅速、最敏感、最充分地表现出我们的各种情感，如喜、怒、哀、乐、忧、思、悲、惊等。开心的时候我们常常会眉飞色舞；悲伤的时候则是一幅愁眉苦脸的样子；生气时又会咬牙切齿……我们内心的情感就随着面部肌肉的收展毫无保留地展现了出来。

眉目可以传情，可并不仅仅只在恋人中才行得通。俗话说："眼睛会说话，眉毛会唱歌。"维吾尔族的舞蹈动作中就有很多脸部的动作，眉毛和眼睛仿佛可以说话，生动无比。眉开眼笑、喜上眉梢、愁眉蹙额、愁眉泪眼，还有十分著名的横眉冷对……这些和眉毛有关的成语都形象地传达了人们的情感。

眼睛是心灵的窗户，它不仅能使我们看到这大千世界，同时也最为生动地传达着我们内心的情感。而合理地运用目光是一种重要的礼仪。在社交活动中，目光可以表现出对他人的友好、亲切与关爱，当然也可以表现出对他人的不满、蔑视与仇恨。

最大限度地运用目光的表现力，能够创造出一个最佳的交际氛围。在谈话中注视对方的角度，是关乎对交往对象亲疏距离的问题。在我们与人交流的过程中，应用直视、平视、凝视、正视等目光。目光注视对方的时间长短也有一番讲究，可以根据与对方的亲疏远近和重视程度来决定目光直视时间的长短。

面部表情有天生的因素，但是，一个人后天气质、风度等变化也必然会写在脸上，这意味着，人的喜怒哀乐等基本表情同人的其他素质一样，也要受到人的文化修养、气质特征的影响。

有一次，有人向林肯总统推荐了一个人做内阁成员，但是林肯总统没有用他。林肯的理由是："我不喜欢他那副面孔。""可是，这不是太苛刻了吗？他不能对自己天生的面孔负责啊！"林肯说："一个人过了四十岁，就要对自己的面孔负责。"林肯这么说是有一定道理的。人的面貌虽然是天生的，但一个人的面部表情可以随着人的心理活动而改变。表情是一个人气质、修养的外在表现，表情可以流露出人的内心情感，可以反映丰富的心理内容。

表情是每个人自身拥有的一笔财富，它可以充分展示每个人独有的人格魅力。

3. 学会利用眼睛的语言

眼神是心灵之窗，心灵是眼神之源。眼睛是人体中无法掩盖情感的焦点。《人体秘语》的作者莫里斯对人类的眼睛是这样定义的——它直径大约2.5厘米，但却像是从石器时代以来就有的最复杂的电视摄影机。在眼球后方感光灵敏的角膜含有1.37亿个细胞，将收到的信息传送至脑部。即使是一瞬即逝的眼神，也能传递出千万个信息，表达丰富的情感和意向，泄露心底深处的秘密。所以，眼球的转动，眼皮的张合，视线的转移速度和方向，眼与头部动作的配合，所产生的奇妙复杂的眉目语言，都在传递着信息，进行着交流。

事实上，通过眼神来传情达意，是一种普遍的心理现象，人们自然而然地运用眼神来表达对周围一切事物的复杂情感。我们的喜怒哀乐，悲欢离合，都会从微妙变化的眼神里真实地流露出来。

在我们日常交流过程中，用目光注视对方是一种起码的礼仪。用目光注视对方时，应是自然、稳重、柔和的，不能死死地盯住对方的某一部位，或不停地在对方身上"扫射"。

在人际交往活动中，眼神应注视对方脸上的"三角"部分，这个"三角"以双眼为底线，前额为上线。如果你看着对方的这个部位，会显得很严肃认真，别人会感到你有诚意。

注视时间

与人相处，若注视对方的时间占全部时间的1/3左右，表示友好；不足1/3表示轻视；占到2/3左右，表示重视；超过了2/3，则表示兴趣十足或者怀有敌意。

注视角度

平视，适用于与身份、地位相当之人进行平等交往；侧视，含有轻蔑不敬之意；仰视，表示尊重敬畏；俯视，表示对晚辈的宽容、怜爱，也可表示轻慢、歧视。

注视部位

短时间地注视对方双眼，表示聚精会神、专心致志，称为关注型注视；注视对方额头，表示严肃、认真、公事公办，称为公务型注视；注视对方眼部至唇部，是交际场合的常规，称为社交型注视；随意一瞥他人身上任意部位叫做随意型注视，也叫瞥视，表示注意或者敌意。

注视方式

直视，表示认真、尊重、坦诚；虚视，即目光不聚焦于某处，眼神不集中，表示胆怯、疑虑或失意；扫视，即上下左右反复打量，表示好奇、吃惊；环视，即与多人交往时有节奏地注视不同的人或物，表示"一视同仁"；他视，即与人交往时眼望他处，表示胆怯、害羞、心虚、反感、心不在焉；无视，即闭上眼睛不看对方，表示疲惫、反感、没有兴趣。

注视变化

目光、视线、眼神的变化，都反映着内心情感的变化。比如：眼皮眨动过快表示活跃、思索，过慢表示轻蔑、厌恶；瞳孔突然变大放光表示惊奇、喜悦，突然缩小无神表示伤感、失去兴趣；眼球反复转动表示心有所思。

日本人认为直视对方的脸是失礼的，他们习惯看着对方的脖子；在地中海沿岸，人们深信呆滞的目光会带来灾难；在希腊，凝视别人是极端无礼的，而阿拉伯人则认为凝视对方是起码的待人礼节……

在交谈中运用眼神，是一门需要刻苦学习的艺术。泰戈尔在他的《素苞》中曾经以哑女素苞为模特描述了眼睛的传神作用。他写道："当我们用语言表达思想的时候，言辞并不容易找到，必经过一个翻译的过程，这往往是不准确的，于是我们就会发生错误。但是这双眼睛却不需要翻译，思想本身就融入这双眼里。在眼睛里，思想敞开或是关闭，发出光芒或是没入黑暗，悬静着如同落月或是像急闪的电光照亮了广阔的天空。那些自有生以来除了嘴唇的颤动之外没有别的语言的人，如果学会了眼睛的语言，则表情的变化将是无穷的……"

知识链接

海伦·凯勒

海伦·凯勒（1880—1968），美国著名女作家、教育家、慈善家、社会活动家。在19个月大时因患急性胃充血、脑充血而被夺去视力和听力。1887年与莎莉文老师相遇。1899年6月考入哈佛大学拉德克利夫女子学院。1968年6月1日逝世，享年87岁，却有86年生活在无光、无声的世界里。

最著名的作品有：《假如给我三天光明》《我的人生故事》《石墙故事》。她致力于为残疾人造福，建立了许多慈善机构，1964年荣获"总统自由勋章"，次年入选美国《时代周刊》评选的"二十世纪美国十大英雄偶像"之一。

4. 让情感从手心传达

握手，是人类最基本的礼节之一，也是我们日常生活中最常用的礼节。据说在中世纪时，打仗时骑兵要身披盔甲，全身包裹严密，准备冲锋陷阵。但如果要表示友好，就要脱去右手的铁甲，伸手相握；如果双方将领经过谈判后愿意和平共处，则在签订协议后用握手表示庆贺，这种习惯沿袭下来，就演变成今天的一种礼节。

握手是双方传递情感信息的礼貌举动，是一种生动的触摸语言，我们的情感可以通过彼此的手心传达到对方的心底，无论是热烈的欢迎，还是久别重逢后的喜悦，都可以通过我们的掌心传递出去。

美国著名盲人女作家海伦·凯勒曾经说过："我接触过的手，虽然无言，却极有表现力。有的人握手能拒人千里……我握着他们冷冰冰的指尖，就像和凛冽的北风握手一样。而有的人的手却充满阳光，他们握住你的手，使你感到温暖。"

简单的握手，看似平常，却可以传递很多信息，在双手相握的同时，可以传达出热情的问候、真诚的祝福、殷切的期盼、由衷的感谢，当然也可以传递出虚情假意、敷衍应付、冷漠与轻视……虽然只有短短的几秒钟，却蕴含着大文章，所以，我们万万不可忽视。

握手的场合

当你拜托别人做某事，要握手表示感谢和期盼之情；
当别人帮你做了某事，要握手表示感谢；
当与亲戚朋友告别时，要握手表示感谢和希望再见之意；
当你被介绍与他人认识时，要握手表示很高兴认识之意。
握手的场合还有很多，我们可以根据场合决定是否需要通过握手来表达情感。

握手的时间

握手时间的长短，可以根据不同的人、不同的情况来合理安排，时间过长会让人感到不安，时间过短又无法表达自己的热情。初次见面时，握手时间最好控制在3秒钟左右，过长时间地握住他人的手会引起误解。尤其是男士与女士握手，长时间地握住女士的手，会让女士感到尴尬，觉得你不尊重女性。当然，遇到久别重逢的朋友，握手的时间自然就会长一点儿，力度也要大一点儿，双方的情谊通过握手就可以充分地传达，真可谓"此时无声胜有声"。

握手的分寸

握手时一般用右手，眼睛要正视对方，不要东张西望；彼此的距离应保持在一步左右；上身稍向前倾，张开拇指，其余四指自然收拢与对方相握；微微上下抖动3~4次，然后松开对方的手，恢复原状。

握手时，讲究一定的顺序，一般由年长的人先向年轻的人伸手，身份地位高的人先向身份地位低的人伸手，女士先向男士伸手。拜访时，主人先向客人伸手，表示欢迎；告别时，客人先向主人伸手，表示感谢。

握手时的力度也要掌握好，如果过于用力，像一把老虎钳子似的握住对方的手，把对方捏得酸痛，说明你握手的力度过大了；反之，握手时过于无力会让对方觉得你是一个缺乏自信的人，或是怀疑你是在敷衍，没有诚意……

握手礼虽小，却有很多需要注意的地方，任何一个小小的失误都会使你的形象大打折扣。

握手是我们社交活动中最常见的礼仪，对初次相见的朋友，握手是搭建友谊的桥梁；对久别重逢的老友，握手可以表达彼此深厚的感情；对于处于困难的朋友，握手是信心和力量的源泉……让我们用彼此的手，搭建友谊的桥梁，温暖彼此的心。

知识链接

温斯顿·丘吉尔

温斯顿·伦纳德·斯宾塞·丘吉尔（1874—1965），生于英格兰牛津郡伍德斯托克，英国政治家、历史学家、画家、演说家、作家、记者，父亲伦道夫勋爵曾任英国财政大臣。两度出任英国首相，被认为是20世纪最重要的政治领袖之一，领导英国人民赢得了第二次世界大战，"雅尔塔会议三巨头"之一，战后发表《铁幕演说》，正式揭开了美苏冷战的序幕。他写的《不需要的战争》获1953年诺贝尔文学奖，著有《第二次世界大战回忆录》16卷、《英语民族史》24卷等。

丘吉尔是历史上掌握英语单词数量最多的人之一（12万多），被美国杂志《人物》列为近百年来世界最有说服力的演说家之一，曾荣获诺贝尔和平奖提名。从1929年到1965年，连续36年担任英国布里斯托大学校长。

5. 运用手势表达意思

手势是人们交往时不可缺少的动作，是最有表现力的一种"体态语言"，俗话说："心有所思，手有所指。"手的魅力并不亚于眼睛，甚至可以说手就是人的第二双眼睛。手势表现的含义非常丰富，表达的感情也非常微妙复杂。如招手致意，挥手告别，拍手称赞，拱手致谢，举手赞同，摆手拒绝；手抚是爱，手指是怒，手搂是亲，手捧是敬，手遮是羞等。手势的含义，或是发出信息，或是表示好恶感情，能够恰当地运用手势表情达意，会为交际形象增辉。让我们先来看一下几个常用的手势表达的是什么意思。

伸出大拇指：在我国，毫无疑问，伸出大拇指是表示"好""了不起"，有夸奖赞赏之意；在希腊，大拇指向上伸表示"够了"，如果向下伸则表示"厌恶""坏蛋"；在美国、英国和澳大利亚等国，大拇指向上伸表示"好""行""不错"，而大拇指向左、向右伸则大多数是表示要搭"顺风车"。

"V"形手势：据说这是英国首相丘吉尔在第二次世界大战时发明的。这个手势在世界上大部分国家都表示"胜利"（当然数字"2"也使用这个手势）。不过，有一点需要我们注意，在表示胜利的时候，掌心一定要向外，如果掌心向内，则有贬低人、侮辱人的意思。另外，在希腊，做这个手势时，即使是掌心向外，如果你的手臂伸直，也有对人不恭敬之嫌。

类似这样的例子还有很多，看似小小的手势，蕴涵着多种意思。尤其是在不同的国家，由于文化历史的差异，同一个手势就可能表示出不同的意思。

当然也有一些手势是我们普遍认可的，不同的手势可以表示出某个人此时的心理状态，这已经成为大部分人一种自然的生理反应。

如果对方双手自然摊开，表示对方心情轻松，坦诚而无顾忌；如果对方紧攥双拳，说明对方怒不可遏或准备与你"决战到底"；如果对方双手支头，表示对方对你的话全神贯注，或是极其厌烦；如果对方用手成"八"字形托住下颚，是沉思的意思。

我们在与人交谈使用手势时应该注意以下几点：

在人际交往中，手势不宜过多，动作不宜过大，切忌"指手画脚"和"手舞足蹈"。

打招呼、致意、告别、欢呼、鼓掌属于手势范围，应该注意其力度的大小、速度的快慢、时间的长短，不可过度。以鼓掌为例，鼓掌是表示欢迎、祝贺、赞许、致谢等的礼貌举止。在正式社交场合，观看文艺演出、重要人物出现、听报告、听演讲等都用热烈鼓掌表示钦佩、祝贺、欢迎等。鼓掌的标准动作应该是用右手掌轻拍左手掌的掌心，鼓掌时不应戴手套，宜自然，切忌为掌声大而使劲鼓掌。鼓掌要热烈，但不要"忘形"，否则鼓掌的意义就发生了质的变化而成"喝倒彩""鼓倒掌"，有起哄之嫌。这样是失礼的。注意鼓掌尽量不要用语言配合，那是无修养的表现。

在任何情况下都不要用手指指点他人，这样的手势是不礼貌的。

一般认为，掌心向上的手势有诚恳、尊重他人的含义；掌心向下的手势意味着不够坦率、缺乏诚意等；攥紧拳头暗示进攻和自卫，也表示愤怒；伸出手指来指点，是要引起他人的注意，含有教训人的意味。因此，在介绍某人、为某人引路指示方向、请人做某事时，应该掌心向上，以肘关节为轴，上身稍向前倾，以示尊敬。这种手势被认为是诚恳、恭敬、有礼貌的。

每种文化都有自己的"手势语言"，千姿百态的手势语言包含着人类无比丰富的情感。它虽然不像有声语言那样实用，但在人际交往中能起到有声语言无法替代的作用。

6. 站出健康与自信

一个人的站姿要显得健康、自信。标准的人体站姿应该是：抬头，两眼平视前方，嘴唇微闭，面带微笑，下颌微收；放松双肩，稍向下压；挺胸、收腹、立腰；双臂自然下垂于身体两侧，双腿直立，膝和脚后跟要靠紧。一个人站立时不良的姿态表现为：身体僵直，胸部外凸，板腰；垂肩，脊柱后凸，腹部鼓起；胸部下凹及垂肩，脊柱侧凸。此外，缩头探脑，佝偻双肩，双腿弯曲颤抖等，这些站姿都会给人留下不良印象。不良站姿无法显示出一个人的朝气及活力。

无论男性还是女性，站立姿势表现出挺、直、高，那他（她）便具有了基本的美感。就男性来说，站立时身体各主要部位舒展。头不下垂，颈不扭曲，肩不耸，胸不含，背不驼，髋、膝不弯，这样他就做到了"挺"。站立时脊柱与地面保持垂直，在颈、胸、腰等处保持正常的生理弯曲，颈、腰、背后肌群保持一定紧张度，这样他就做到了"直"。站立时身体重心提高，并且重点放在两腿中间，这样他就做到了"高"。就女性来说，站立时头部微低，显示了她的温柔之美；挺胸，不仅使她显得朝气蓬勃，而且让人觉得她是个自信的人；腹部微收，表示她很在意女性曲线美。

在社交场所和人群集中的地方，人们三个一群两个一伙地站着谈话，其站姿各种各样。相对站立，这是两个人谈话时常采用的姿态，其中可能包括两种含义：一是亲密友好，二是彼此发生争吵。又有双人八字形站姿，表明欢迎别人加入。还有多人并肩站立，说明几个人受到同一约束力。

站立时，对方手臂的姿势也值得琢磨：手臂下垂时，表示他此刻的心态处于松弛状态，比较自然；手臂张开时，表示出欢迎和拥抱的姿态；手臂交叉时，既表现一种防卫心理，又具有一定的掩饰作用。即便是颇有声望的政界要人，或社会名声显赫的人物，在与陌生人打交道时，都会程度不一地采用这种姿势。有的人置身陌生人当中，为了掩饰不安的心情和缺乏自信心理，会采取双手抱臂的姿态。手臂上举时，要么表示胜利，要么表示投降，要么表示敬礼、挥手、招手等特定的含义。

7. 坐出端庄与稳重

正确的坐姿给人以端庄、稳重的印象，使人产生信任感。另一方面，它也给交谈带来方便。坐姿本身就可以向对方传递信息，因此应作为一种交谈手段加以注意。

为了促进交谈，坐椅子时可稍前坐一点，身体前倾。采取这样的姿势，便于将身体前后摇动，以对对方的谈话内容表示肯定，同时还可以促使对方做决定。如果背部靠在沙发上，则给人以傲慢的印象，同时身体后仰，会使下巴突出，这样容易暴露自己的想法，被对方掌握主动权。

其次，交谈时可以采取稍微侧身的姿势，这样面向对方的侧身坐姿，会产生一种易于接近的感觉。

正确的坐姿是：入座时要轻要稳。走到座位前，转身后，轻稳地坐下。

人的正常坐姿，在其身体背后没有任何依靠时，上身应正直而稍向前倾，头平正，两臂贴身自然下垂，两手随意放在自己腿上，两腿间距和肩宽大致相等，两脚自然着地。背后有依靠时，在正式社交场合，也不能随意地把头向后仰靠，显出很懒散的样子。

8. 正确的步态

　　人们行走的姿态——步态，是千姿百态、变化万千的，比如有消磨时间的散步、无精打采的漫步、大摇大摆的阔步、闲庭自得的信步、节奏均匀的慢跑、风驰电掣的疾奔、老态龙钟的蹒跚、犹豫不决的徘徊、偷偷摸摸的蹑行、兴高采烈的蹦跳、心焦气躁的急走、故作姿态的扭摆……这些移动身体的步态，每个人在日常生活中都会用到其中某些姿态。

　　每个人具有独特的走路姿势，能使熟悉他的人一眼认出来。至少有一些特征，是因为身体的结构而有所不同，但是步法、跨步的大小和姿势，似乎是随着情绪而改变的。假如一个人心情愉快，他会走得比较快、脚步也轻快。反之，他的双肩会下垂，走起路来好像穿着铅底的鞋子一般；走路快且双臂自然摆动的人，往往有坚定目标而准备积极地加以追求；习惯双手半插在口袋中，即使天气暖和时也不例外的人，喜欢挑战而颇具神秘感，通常他善于扮演"魔鬼的拥护者"的角色，因为他喜欢贬低别人。

　　一个自满甚至傲慢的人走路时，他的下巴通常会抬起，手臂夸张地摆，腿是僵直的，步伐是沉重而迟缓的，似是有意加深别人对他的印象；一个人在沮丧时，往往拖着步子将两手插入口袋中，很少抬头注意到自己往何处走；走路时双拳紧握的人，看起来像个短跑者，往往他想在最快的时间内跑最短的距离，以达到自己的目标，他突然爆发的精力，常是在他计划下一步决定性的行动时看似沉寂的一段时间内所产生的。

　　正确的步态表现出一个人朝气蓬勃、积极向上的精神状态，呈现出一种健美的姿态，行走出一阵疾风，给人留下良好的印象。

9. 举止得当

在社会交往中,还应该做到举止得当。所谓举止得当,是指社交者能够了解某些举止具有的特殊意义。

（1）点头

这是一种最常使用的礼貌举止,经常用于与他人打招呼。用点头来打招呼时,点头者应两眼看着对方,面部略带微笑,等对方有表示时再转向他方。可以点头表示敬意,也可以点头和握手配合使用。

（2）举手

这是一种与对方距离较远或擦肩而过等时间仓促时的打招呼方式,也是一种常见的礼貌举止。由于条件所限,打招呼者无法与对方交谈或站停施礼,在这种情况下,举手打招呼是最合适的。这种方式不但可以表示认出对方,而且还可以在短时间里、远距离内表达你的敬意。

（3）起立

这是一种在较正式场合使用的礼貌举止。在较正式场合里,有长者、尊者到来或离开时,在场者应起立表示敬意。如长者、尊者来访,在场者应起立表示敬意,待来访者落座后,才可坐下；如长者、尊者离去,应起立,待他们离开后即可落座。

（4）鼓掌

这是在社交场合表达赞许或向别人祝贺等感情时的礼貌举止。在正式的社交场合,重要的人物出现、精彩的发言之后或演讲结束,人们可以用鼓掌来表达自己的敬意和赞赏。

（5）拥抱

这是传达亲密感情的礼貌举止。这种礼貌举止,国外特别是欧美国家应用得比较广泛。我国通常用于外事活动中的送往迎来等场合，偶尔用于久别重逢、误解消除等难以用语言来表达强烈感情的特殊场合，但在同辈异性之间轻易不使用。

当然，礼貌举止不仅有这些，不过，只要有心，平时就会注意遵守礼貌举止的规范。

10. 微笑是你最好的名片

阳光、雨露、鸟语、花香是地球上最美丽的东西，除此之外，微笑也是上天赐给人类的礼物。微笑是人类传达感情最好的方式，"此时无声胜有声"，微笑所能起到的作用，也许远远超出你的想象，它可以缩短人与人之间的心理距离，为深入沟通与交往创造温馨和谐的氛围。

我们在日常生活中偶遇朋友，有时也许无暇寒暄，此时，只要相互微笑示意一下，同样可以温暖我们的心，达到交流的目的。在社交场合中，微笑更是一种"屡试不爽"的工具，相信没有人能拒绝一个人善意的微笑。微笑并不难，难在常常保持微笑。真诚、礼貌的微笑可以为你的社交之路打开一扇门。

服务性行业提倡微笑服务，微笑也是服务性行业对外的窗口。美国希尔顿饭店董事长康纳·希尔顿在50多年里，不断到世界各国的希尔顿饭店视察，视察中他经常问员工的一句话就是："今天你对客人微笑了吗？"康纳·希尔顿之所以如此看重"微笑"，就是因为他深刻领悟到微笑的巨大作用，有时甚至会关系到一个人事业的成功。

相信我们在乘坐飞机时，空姐礼貌的微笑会让乘客有宾至如归的感觉。只有发自内心的微笑，才会是自然大方的。微笑要由眼神、眉毛、嘴巴、表情等方面的动作协调配合来完成。生硬的、虚假的微笑则不可取。

青少年朋友受各方面的影响，总有一部分人认为面无表情、沉默寡言是一种"酷"的表现，还有些人总是一副心事重重的样子，在他们的脸上笑容真是难得

招人喜欢的社交礼仪

一见。我们要学会微笑，不能因为精神受挫就将笑容隐藏。尤其是在社交场合，即便我们心中不悦，也不能吝啬自己的笑容，更不能由于自己心情不佳而破坏了整个社交场合的气氛。

正如我们的表情可以千变万化，微笑也有许多种。但是下面这几种笑容却是失礼、失态的表现：皮笑肉不笑、不屑一顾的冷笑、阴阳怪气的笑、讨好逢迎的媚笑、幸灾乐祸的窃笑、面带凶相的狞笑。

微笑可以使萍水相逢的人成为好友，微笑可以使家庭气氛变得和睦愉快……那些容易接近的人，也许有很多讨人喜欢的地方，但是，无一例外的是他们都是经常面带微笑的人，微笑是他们最好的名片。

有人说："微笑可以化解悲伤与仇恨。"也有人说："微笑是心灵沟通的钥匙。"从现在起，用微笑示人，在给别人带来温暖的同时，也会令自己心情愉悦。

第三章 语言谈吐的礼仪

1. 如何恰当地自我介绍

现代人要生存、发展，就需要与他人进行必要的沟通，以寻求理解、帮助和支持。自我介绍是人际交往中与他人进行沟通，增进了解，建立联系的一种最基本、最常规的方式，是人与人进行相互沟通的出发点。

在社交场合，如能正确地利用介绍，不仅可以扩大自己的交际圈，广交朋友，而且有助于自我展示、自我宣传，在交往中消除误会，减少麻烦。恰到好处、新颖别致的自我介绍，就是一张让人过目不忘的名片。

如果你名叫高晓强，那么你将怎样设计自己的开场白？怎样介绍自己才能让别人记住你？让我们来看看下面这个自我介绍：

"我叫高晓强。周星驰演的电影《唐伯虎点秋香》大家都看过吧，电影里与周星驰相依为命的蟑螂叫小强，我的小名也叫小强，可是此'小强'非彼'小强'噢！大家可不要弄混了。"

相信这样一个别致的自我介绍会让听者在不禁莞尔的同时，也记住了这个可爱的"小强"。

自我介绍在我们的日常生活中是必不可少的，恰当的自我介绍，不仅能让对方在最短的时间里记住你、了解你，而且对方也会以礼相待，为双方进一步的交流奠定基础。青少年朋友都热衷于结识五湖四海的朋友，良好的自我介绍，可以为双方成为朋友打开一扇大门。

轻松自然　表情亲切

有很多青少年朋友在陌生人面前十分拘谨，很害羞，总是躲躲藏藏不愿大方地自我介绍。要克服这个毛病，就要勇于踏出第一步，大方自然地介绍你自己。在作自我介绍的时候，举止、仪表要得体，表情要亲切，态度要诚恳，不要惊慌失措，更不要一副满不在乎的样子。

坦率诚恳　友好自信

　　我们还要知道在自我介绍的时候到底要介绍些什么，不要长篇大论像作报告一样把有关自己的所有情况都一股脑儿倒出来。在社交场合，自我介绍一般包括三个部分：本人姓名，供职单位或学习单位，本人的职务或职业。一般在初次见面时，将三者集中起来进行自我介绍即可。当然，自我介绍的内容也可以根据实际情况来安排，随机应变。

　　另外，在进行自我介绍的时候，不要过分地炫耀自己的身份，当然也不应该过分地贬低自己的成绩，态度一定要自然、友善、坦率、诚恳。应落落大方，彬彬有礼，既不能唯唯诺诺，又不能虚张声势，轻浮乖戾。语气要自然，语速要正常，语音要清晰。

2. 介绍他人要恰如其分

　　掌握了自我介绍的技巧后，我们来了解一下怎样恰当地介绍他人。我们可以通过很多途径来扩大社交圈，而通过朋友、熟人介绍是其中一种很重要的途径。在我们的日常生活中，介绍与被介绍起着非常重要的作用，青少年朋友通过相互之间的介绍，扩大了自己的朋友圈子，友谊就在这样周而复始地相互介绍中生根发芽。

　　恰当地介绍他人如同一个好的自我介绍一样重要，是人与人相识的桥梁。那么，怎样才能算是一个恰如其分的介绍呢？以下几个方面必须注意：

介绍的顺序不能乱

21世纪虽然不再讲究什么"三纲五常"，人与人都是平等的，但是在许多场合一些必要的介绍顺序还是不能乱的。在介绍他人时，要遵循"尊者居后"的原则，即先将身份地位低的一方介绍给身份地位高的一方，以示对尊者的敬重之意。目前，国际上公认的介绍顺序是：将男士介绍给女士；将年轻者介绍给年老者；将职位低者介绍给职位高者；将客人介绍给主人；将晚到者介绍给早到者。如果被介绍者符合其中两个以上的顺序，一般应按后一个顺序进行介绍。例如，当一位年轻女士来拜访一位比这位女士年长很多的男士时，应该将年轻的女士介绍给年长的男士，而不能倒过来。

正确的介绍用语不可少

在介绍他人时，最好先说一些："请让我为您介绍一下……""请允许我向您介绍一下……"之类的介绍词。在非正式场合，还可以较为随意的如此介绍："张小姐，您认识刘先生吗？""李小姐，来见见王先生吧。"等等。

另外，我们在介绍他人的时候，不能厚此薄彼，还应考虑双方是否有意相识，可以提前询问被介绍人的意见，以免尴尬。

选择恰当的介绍人

在我们的日常生活中，朋友间相互结识、介绍对方的时候，毫无疑问是选择双方都认识的人来充当介绍人的角色。然而，不是所有的场合都是这样的，不同的场合，要选择不同的介绍人。在公务活动中，公关人员是最恰当的介绍人；在接待贵宾时，介绍人应该是本单位职位最高的人；在社交场合，主人是当仁不让的介绍人。

做一个称职的介绍人也有很多需要注意的地方：在介绍一方时，应该微笑着通过自己的视线将另一方的注意力吸引过来，态度要诚恳热情，不可敷衍了事、漫不经心，用手胡乱地指点被介绍者是很不礼貌的举动。

被介绍者的姿态

在日常生活中,我们也不可避免地会被人介绍,作为一个被介绍者,也有一些需要注意的地方:在被介绍时,应保持直立,目光柔和真诚地平视对方,和对方握手时要热情,并点头致意,用一些真诚的问候语来博得对方的好感,尽快地与对方熟识起来。

掌握了这些介绍与被介绍的方法,相信你不论是作为介绍人还是被人介绍,都将会是称职的、合适的,你可以尽情地享受与朋友相识的愉快氛围。

3. 礼貌文雅让人广结良缘

敬语得体

人际交往时注意礼貌用语是尊重他人的具体表现,是友好关系的敲门砖。在日常生活中,尤其在社交场合中,礼貌用语十分重要,多说客气话不仅表示尊重别人,而且表明自己有修养。多用礼貌用语,不仅有利于气氛融洽,而且有利于交际。

(1)每个人都应学会的七大礼貌用语

在日常生活中养成使用七大礼貌用语的习惯是很重要的,它会使你广结人缘,令人喜欢。这七大礼貌用语及其内涵是:

"您",是尊的音符,敬的旋律;

"您好",是热情的问候,良好的祝愿;

"请",是礼貌的象征,谦恭的标志;

"谢谢",显示礼仪规范,强化对方好感;

"对不起",是道德的尺度,灵魂的水准;

"没关系",表示善于宽容,更见涵养;

招人喜欢的社交礼仪

"再见",是亲切的道别,友谊的延续。

开头这个"您"就是一个充满感情色彩的字眼,是用"心"呼唤他人的尊称。而"你"则仅仅只是一个十分平淡的人称代词而已。"您"似乎是一个平常的称呼,但其内涵却是一个人的知识修养、人格德行的集中体现。

"请"是一个专门用于请求的敬辞。在日常生活中,多用上一个"请"字,往往可以处处赢得主动,得到对方的照应,还可以使自己的所作所为表现得彬彬有礼,不卑不亢。如"有请""请教""请笑纳"等。

"谢谢"是对别人的好意表示感谢的礼貌用语。每逢得到帮助、承蒙关照、受到礼遇、接受服务或得到理解与支持时,都应及时向交往对象诚挚地道一声"谢谢"。这既是对对方友善行为的感激,也是沟通心灵的桥梁。重礼节的日本人爱说"谢谢",据统计,一个在百货公司工作的日本职员,一天平均要说571次"谢谢",否则,就不是一个好职员。

"对不起"是表示道歉的客套语。及时地使用这句抱歉语,有助于弥补感情上的裂缝,修复双方关系,甚至化干戈为玉帛。

经常运用这些礼貌用语,看起来似乎是小事,但它能反映出一个人的教养程度,也是打开他人心扉的钥匙。

使用这些礼貌用语,要做到亲切、准确、诚挚、热情。

(2)广结良缘的应酬语

在社交活动中,应酬语是少不了的。恰当地使用应酬语,是表示对人的尊重,密切人际关系的一个重要环节。常用的应酬语有:

问候语:您好!早上好!晚上好!晚安!

欢迎语:欢迎您!欢迎阁下!欢迎光临!

请托语:麻烦您!劳驾!拜托了!承蒙关照!

赞赏语:太好了!美极了!真棒!

祝福语:祝你成功!祝你好运!祝你心想事成!

慰问语:辛苦了!麻烦了!祝你早日康复!

致歉语:对不起!请原谅!真抱歉!真不好意思!

第三章
语言谈吐的礼仪

礼请语：请！请进！请坐！请用茶！

道谢语：谢谢！多谢您！非常感激！

告别语：再见！回头见！明天见！请走好！欢迎再来！

（3）林林总总的客套语

正如培根所说："得体的客套语同美好的仪容一样，是永存的荐书。"恰当地使用文明、得体的客套话，不但不是虚伪做作之举，而且是儒雅风度的表现。在我国丰富多彩的语言宝库中，有大量对交往对象表示谦虚恭敬的客套语，这些客套语是礼貌用语的一部分。例如：

初次见面说"久仰"；好久不见说"久违"；

等候客人用"恭候"；宾客来到称"光临"；

未及欢迎说"失迎"；起身作别说"告辞"；

看望别人用"拜访"；请人别送用"留步"；

陪伴朋友用"奉陪"；中途告辞用"失陪"；

请人原谅说"包涵"；请人批评说"指教"；

求人解答用"请教"；盼人指点用"赐教"；

欢迎购买说"惠顾"；请人受礼称"笑纳"；

请人帮助说"劳驾"；求给方便说"借光"；

麻烦别人说"打扰"；托人办事用"拜托"；

向人祝贺说"恭喜"；赞人见解称"高见"；

对方来信称"惠书"；赠人书画题"惠存"；

尊称老师为"恩师"；称人学生为"高足"；

请人休息说"节劳"；对方不适说"欠安"；

老人年龄称"高寿"；女士年龄称"芳龄"；

平辈年龄问"贵庚"；打听姓名问"贵姓"；

称人夫妇为"伉俪"；称人女儿为"千金"。

使用这些客套语，要真诚自然，言必由衷，不落俗套，使人听在耳中，暖在心头。

（4）谦词敬语七字诀

谦词和敬语是一个问题的两个方面，前者对内，后者对外，内谦外敬，礼仪自行。谦词和敬语的用法，过去有个七字诀："家大、舍小、令外人。"

所谓"家大"，是在别人面前称自己的长辈和年长的平辈的谦词。如自称父亲为"家父""家严""家尊""家大人"，母亲为"家母""家慈"，叔父为"家叔"，哥哥为"家兄"等。

"舍小"：是在外人面前称比自己年龄小的家人用的谦词。凡是辈分小、年龄小的家人都冠以"舍"字，如"舍弟""舍妹""舍侄"等，但不能用"舍儿""舍女"，只能称"小儿""小媳""小女""小婿"。

值得注意的是，这里的"家大""舍小"已包含有"我的"意思在内，在使用时不能再赘称为"我家父""我舍妹"之类。

"令"是敬词。凡是称呼他人家中的人，无论辈分大小、男女老幼，都冠以"令"字，表示尊敬。如称他人的父亲为"令尊""令严""尊公""尊大人"，称他人的母亲为"令堂""令慈""令母"。妻子为"令妻""嫂夫人"（或称"贤内助""太太""牵手"，以不称"爱人"为宜，以免产生歧义），儿子为"令郎""令嗣"，女儿为"令爱"等。

敬语是表示恭敬和敬仰的词语，在使用时应注意以下三点：

场合。敬语主要用于以下四种场合：正规的社交场合；公务场合；与师长或身份、地位较高的人交谈；和陌生人打交道的时候。

对象。敬语的使用要有针对性，要先看清对象，然后分别选用恰当的敬语。比如，你想询问一位长辈的年龄就可以这么问："您老人家高寿？"而询问平辈时则可以这样问："请问阁下贵庚？"

尊重。敬语是表示对人尊重的一种语言形式，只有心诚意切，才能在语言上表现出恭敬之情。

谦雅适当

（1）谦辞

谦辞，是向人表示谦恭和自谦的一种礼貌用语。

谦词除前面所述的"家大""舍小"所包涵的内容外，尚有：

鄙——鄙陋之人，谦称自己。如鄙人、鄙意、鄙见等。

愚——愚笨之人，谦称自己，又称"下愚"。如愚兄、愚意、愚见等。

敝——谦称自己或跟自己有关的事物。如敝人、敝姓、敝处、敝校、敝舍等。

不佞——没有才智，谦称自己，又称不才、不肖。

拙——多用于谦称自己的论著、见解。如拙作、拙笔、拙刊、拙著、拙译、拙见等。

此外，文人雅士在长者面前则谦称"晚生""小生""晚学""后学""末学"；老年人有时则谦称"老夫""老身"等。

（2）雅语

雅语，是同粗俗言语相对的一种文雅言辞，往往反映一个人的文明程度。当今的雅语首先表现在称谓的雅化上。如把手脚残疾者叫"手脚不健全者"，把痴呆、低能人叫"智力障碍者"，把管太平间的管理人员称为"阴阳天使"，把为病人服务的人叫"陪护人员"或"卫生员"，把捡破烂的人叫"拾荒者"，把扫大街清理垃圾的人叫"城市美容师""环卫工作者"，把保姆叫"家政服务员"等。这充分体现出社会对不同从业者人格的尊重。

雅语还表现在对某些行为举动说法的雅化上。如把吃饭称为"用餐""用膳"；把倒酒称为"满酒""斟酒"；把喝茶叫"用茶"或"品茶"；把上厕所称为"净手""方便""去卫生间"等。

这些谦辞雅语是传统礼仪的一部分。适当地使用谦辞雅语，是谦逊有礼的表现，无疑会受到别人的尊敬。那些出言不逊，开口自称"老子""老娘"，辱骂他人的人只会被人侧目。

4. 不要忘记他人姓名

赢取对方好感最有效、最直接的方法，便是牢牢记住对方的姓名，在碰面的时候能自然地叫出对方的名字，尤其是对那些你并不熟悉的朋友，脱口而出对方的姓名，会使对方感到惊喜；反之，如果忘记对方的姓名或是叫错了，不但会使双方感到难堪,也会使对方产生出抵触的情绪。

姓名是一个人的生命中最重要的一部分,它将伴随我们走完生命的旅程。在人的一生中,会有众多的朋友,会接触无数的姓名,我们当然不可能像电脑一样记住所有我们曾经遇到过的人的姓名,但是记住那些你有可能再碰面的朋友的名字,可以使你获得友谊,赢得别人的好感。"记住别人"是与别人进一步交往、发展友谊的交际谋略之一。

吉姆·佛雷,10岁丧父,由于家境贫寒,他不得不辍学打工,虽然没有上过一所中学,但他在46岁那年就已经获得了四所大学颁给他的荣誉学位,并且高居美国民主党要职,最后还曾担任邮政部部长之职。

当记者问及他成功的秘诀时,吉姆·佛雷说:"勤奋工作,就这么简单。"记者不相信,又问道:"听说你可以一字不差地叫出1万个朋友的姓名?"

吉姆·佛雷回答道:"不,我叫得出姓名的人,少说也有5万。"

记住对方的姓名也许就是吉姆·佛雷成功的秘诀之一。

不论面对大人物还是小人物,记住对方的姓名容易为你赢得他人的好感,拉近双方的距离。对你来说,也许要记住每一张新面孔实在不是一件简单的事;于是,再次见面却想不起对方的名字的尴尬场景便常常发生。当你发现自己常常叫不出他人的名字时,你就应该意识到这其实是对他人的一种忽视和不尊重。青少年朋友,让我们来试想一下,如果某个和你只是点头之交的人,在你忘记他的姓名的同时,他却毫不迟疑地叫出了你的名字,那么你会作何感想呢?

每一次良好的沟通都是从记住对方姓名开始的。尽管人的记忆能力是有限的,但是当我们认识到尊重对方和记住对方姓名的重要性,认识到姓名其实也是

一种资源,正确叫出对方姓名是一种很有效的交际工具之后,再掌握一定的规律,辅以一定的技巧就不至于张冠李戴。

所以,迅速、正确地记住对方的名字,不仅能缩短双方的距离,还能增强亲密感,毕竟记住对方,或被对方记住,都是一件很快乐的事。

5. 基本的交际用语要掌握

我们的日常生活总是多姿多彩，每天要遇到各种各样的事情，会碰到形形色色的人，无论是在街上、在学校，还是在我们活动的社区，都不可避免地会遇到熟人、朋友，这时就要发挥交际用语的作用，温暖的问候、简单的寒暄、真诚的安慰、真挚的赞美、诚恳的道歉……都会让我们的交流变得愉快而轻松，也许有时我们要"长篇大论"地叙叙旧，也许我们只是简单的一两句的问候，在这不经意的交谈之中，就包含了各种交际用语和许多社交礼仪。

打招呼

"吃了吗？"相信这句问候语对于每个中国人来说都不陌生，它是我们日常生活中最常用也最"无意义"的一句问候，它的作用就相当于"您好"，并不一定具有实际内容，也并不期望得到一个确定的回答。在我们的日常生活中，还有很多交际用语是熟人间打招呼常用的："早上好""晚上好""最近好吧""下班啦"……诸如此类的打招呼方式有很多，根据不同的场合和不同的人，我们会选择不同的打招呼用语。

寒　暄

"寒暄"，顾名思义，就是简单地问寒问暖，熟人间偶遇时难免会寒暄几句，交流一下感情，有时候这看似简单的寒暄，还可以起到"抛砖引玉"的作用。

"今天天气真好""最近忙吗""您这车真不错""最近你的气色越来越好了"……这样简单的寒暄往往是双方开始交谈的一个"引子"，为双方的交谈奠定良好的氛围，带领我们自然地开始交谈。

安 慰

当朋友遇到挫折,心情不佳时,简单的安慰话语可能会起到意想不到的巨大作用,也许正是我们几句不经意间的话语,会帮助我们的朋友振作精神,走出逆境。

小雨也许至今都不知道,正是她那几句简单得不能再简单的话语,帮助小冉重新梳理心情,走出了失败的阴影。成绩一向稳定、名列前茅的小冉在模拟考试时意外失利,这样的成绩不可能考取理想的大学,小冉心情十分沉重,信心大失。好友小雨安慰她:"没关系,不要灰心,我相信你的实力,这次只是意外,你不是常说'我不上北大谁上北大'吗?你肯定没问题。"正是小雨这几句安慰的话语,帮助小冉重拾信心,最终考取理想的大学。

小冉自身的实力和努力是她成功的主要原因,但是如果没有小雨的安慰,也许小冉不会这么快就振作起来,换句话说,是小雨振奋人心的安慰帮助小冉在最短的时间内恢复了状态,最终考取理想的大学。

常用的安慰话语有很多,例如:"好事多磨""塞翁失马,焉知非福""留得青山在,不怕没柴烧"等。我们可以根据不同的情形选择不同的词语来安慰我们的朋友。

道 歉

相信每个人都不愿发生需要道歉的事情,但是现实生活是复杂多变的,我们一生中会遇到无数次需要道歉的情形,恰当的、诚恳的道歉会解除误会,化解尴尬,有时甚至会帮助我们"化敌为友"。

小扬和小宇是同班同学,两个人个性都很要强,人长得也有点儿"小帅",在班里都很有人气,两个人都不服气对方,还真有点儿"水火不容"的意思。后来两个人成为"铁哥们",还是源于一次真诚的"道歉"。足球赛上,小扬和小宇是班里的主力,在赛场上,小扬被对方不怀好意地绊倒了,小宇看到同学痛苦地倒在地上,愤然冲上去找对方理论,这一切小扬看在眼里,令他十分感动。赛后,小扬和小宇不约而同地向对方道歉,双方可以说是"一笑泯恩仇",化敌为友,成为了好朋友。

"对不起""很抱歉""我错了""请原谅"……这些看似简单的语言，却蕴含着巨大的、神奇的力量，可以让我们的友谊更加长久。所以，不要碍于面子，如果是你的错，诚恳地说出"对不起"吧！

6. 根据场合和对象来选择话题

如同世界上没有两片纹脉完全相同的叶子一样，每个人的个性、爱好都是不同的。自古有"见人说人话，见鬼说鬼话"这句俗语，就是形容要分清对象来说话，但不可以理解为"逢场作戏""曲意逢迎"。我们主张要根据场合和对象来选择话题，意思是在真诚待人、平等相处的基础上能更好地进行相互交流。

首先我们要了解对方的基本情况，包括性别、年龄、文化程度、身份、爱好等诸多因素。

身份职务不同并不妨碍我们进行交流，下级对上级，晚辈对长辈，学生对老师，普通人对名人，不应当也没必要表现得屈从、逢迎，但言谈举止也不应过于随便，尤其是在社交场合，说话要把握好度，要说得恰如其分。

研究生李霞在某机关单位工作，每日工作勤勤恳恳，任劳任怨，也取得了一定的成绩，但是总得不到晋升的机会。时间一长，李霞就开始感叹了："有些老同志都这么大岁数了，还不退休。"就是这么一句话，惹得王主任十分不悦。原来王主任已经快60岁了，每天正在为退休的事犯愁，这时听到李霞的一番话，心中真是别有一番滋味，两人的关系也从此陷入了僵局。

由此可见，我们在开始说话时，一定要分清对象，不能想说什么就说什么，否则会伤害他人，甚至使双方的关系变得紧张，一触即发。

我们谈话时还要注意选择一些双方都感兴趣的话题，这样才能使谈话轻松地继续下去，这也是对对方的一种尊重。我们常常会遇到一些口若悬河的人，一开始说话就停不下来，如同开了闸的黄河水一样，滔滔不绝，也不管对方是否对此话题感兴趣，而对方常听得昏昏欲睡，又碍于面子不好说什么。长此以往，想必人人见了此人都要绕道走了。

想要收到理想的谈话效果就需要我们恰当地选择话题：美国记者芭芭拉·华特初遇美国航空业巨头亚里斯多德·欧纳西斯，午餐时趁他与大家谈论业务的短暂空隙，赶紧提问："欧纳西斯先生，您在海运和空运方面，还有其他方面都取得了巨大的成就，这是令人震惊的。请问您是怎样开始的？"这个话题触动了欧纳西斯的心弦，他立即同芭芭拉侃侃而谈，动情地回顾了他的奋斗史，而芭芭拉的采访也取得了成功。

如同很多女士不愿透露自己的年龄一样，我们每个人都有自己的隐私，有些问题是不愿意拿出来与人分享的。在谈话的时候，我们就要注意避开这些"雷区"，选择"安全系数大"的话题。对于那些刚刚遭受不幸的人，不要再提及他们伤心的往事，对于失恋的人也不要在他面前大谈"爱情之道"……一些政治性、宗教性的问题也很难处理，我们最好不要在谈话时触及。

除了根据对象选择话题，我们同时也需要根据场合的不同，慎重地选择话题，常常有些不会说话的人"大煞风景"，惹得众人不悦。喜庆的场合，不要谈论伤感的、不吉利的话题；反之，悲哀的场合，不能谈论令人捧腹大笑的话题。其他诸如庄严、肃穆、热闹等不同的场合，交谈时都要慎重选择话题。

谈论对方感兴趣的话题，可以在谈话中增进双方的了解，使我们的谈话愉快地进行。

知识链接

黑格尔

格奥尔格·威廉·弗里德里希·黑格尔（1770—1831），出生于今天德国西南部巴登－符腾堡首府斯图加特。黑格尔时代略晚于康德，是德国19世纪唯心论哲学的代表人物之一。有人认为，黑格尔的思想，标志着19世纪德国唯心主义哲学运动的顶峰，对后世哲学流派，如存在主义和马克思的历史唯物主义都产生了深远的影响。

7. 让你的谈话达到最佳效果

德国哲人黑格尔曾经说过:"同样一句话,从不同人嘴里说出来,具有不同的含义。"其实,同一句话,即使是从同一个人的嘴里说出来,也可能因为音调、音质以及面部表情不同,而有不同的含义,给人以不同的感觉。

意大利著名的悲剧家罗西有一次应邀为外宾表演,他在台上用意大利语念起一段台词,尽管外宾听不懂他念的是什么内容,但却为他那辛酸、凄凉、悲怆的语音、声调和表情所感染,大家禁不住泪如泉涌。当罗西表演结束后,翻译解释说,刚才罗西念的根本不是什么台词,而是大家面前桌上的菜单。看完这个小故事,想必我们都不禁莞尔,但是仔细想想,是什么能让罗西的语言具有如此大的魅力呢?如果换成是我们自己,能把一张菜单念得那么生动,甚至让听众泪流满面吗?

怎样才能使我们的谈话达到最佳效果?我们也许做不到像罗西一样,但只要注意一些技巧,还是可以吸引广大听众的。

条理清晰 切忌啰唆

主旨明确、内容相关、有条不紊的谈话,容易让人领会,有一种美感;反之,主旨不明、杂乱无章的谈话往往令人费解。青少年朋友中有不少人就存在这样的问题。他们天马行空,说话常常毫无逻辑,想到哪里就说到哪里,让听者觉得莫明其妙,"丈二和尚摸不着头脑"。

以下是一位同学在电影放映后发表的观后感:"这电影简直就是胡编乱造,谁信啊?那个反派可真够狡猾的,可倒霉的还是他的女朋友,那么好的人,真可惜!警察也不行,太笨了,要都像他们这样办事,一个罪犯也抓不着。不过一开始我还以为是皮鞋匠杀的人呢!"这样语无伦次,意思模糊不清,难怪大家都不知道他到底在说什么了。

措辞准确　避免误解

有一则笑话，很好地说明了如果措辞不准确，就会闹出笑话来。某人过生日，邀请八位朋友到家里做客。约定时间已经过了，还有两个人没到。主人等得不耐烦了，就说："怎么搞的，该来的还不来？"六位客人中，有两个人觉得不对劲，耳语："如此说来，我们可能是不该来的吧！"便悄悄走了。主人摆好饭菜一看，走了两个人，又不满地说："怎么搞的，不该走的却走了！"又有两位客人嘀咕："这么说，我们是该走的了，何必还要赖在这里呢！"于是，这两位也伺机溜走了。主人一看，十分恼火，说："我又不是说他们俩！"最后的两位一听也生气了，对主人说："既然你不是说他们俩，就是说我们俩了！"这两个人也愤然离席。

这则笑话虽然夸张，却充分地说明了说话要注意用词的逻辑性。

巧用比喻　形象生动

比喻人人都会，关键在于要巧用。生动形象的比喻，可以使我们的谈话更加吸引人。

一位演讲家在演讲时说："男人就像大拇指，而女人就像小拇指。"话音刚落，全场哗然。在场的女士们强烈反对演讲家的比喻。演讲家立刻补充道："女士们，大拇指粗壮有力，而小拇指却纤细苗条、灵巧可爱，不知诸位女士中，哪一位愿意颠倒过来？"一句话平息了众人的愤怒，大家相视而笑。

由此可见，生动的比喻，不仅能增强语言的说服力，而且能使我们的谈话氛围更加和谐。

8. 交谈也有禁忌

古人云：赠人以言，重于珠玉；伤人以言，重于剑戟。意思是，我们在交谈过程中，一定要注意交谈的内容，要"言谈得当"。即使是相识已久的朋友，在谈话中也有相应的禁忌，对于并不太熟悉的社交场合，我们更要注意自己的谈话内容，警惕不要触犯交谈的禁忌。

交谈的禁忌有很多，需要我们在日常生活中不断地总结，针对不同的人、不同的情况，交谈禁忌的内容也会有所变化，一般情况下，交谈的禁忌大致有以下几种：

（1）个人的隐私

对于一些很私人性的话题，不要主动谈起，不然，会给人留下有阴暗心理的印象。在公开场合，不谈及个人的隐私是尊重自己和尊重对方的表现。

（2）个人的健康状况

除了自己的亲朋好友，没有人会对他人的健康检查或过敏症感兴趣。而对于患有严重疾病的人，如各种癌症、艾滋病，或各种性病等，通常不希望自己成为谈话的焦点。另外，不要在遇到病中友人的时候愁眉不展，应像平常人一样对待他，不要提起他所经历的病痛。

（3）争议性的话题

对于社会上的一些颇有争议性的话题，除非你很清楚对方的立场，否则应避免谈论这些敏感性的话题。比如，宗教、政治、党派等，以免引起双方抬杠或对立僵持的状况。

（4）金钱的话题

一个人的话题若老是围绕着"这值多少钱""那值多少钱"，会让人觉得他是个俗不可耐的人。其实，生活的含义极其丰富，并不只有金钱这一件事。

（5）个人的不幸

不要主动向对方提起个人的不幸。若是对方遭遇了不幸，例如他离婚了或是家人去世等，绝不要为了满足自己的好奇心而触及这个话题或者追问不休。当然，若是对方主动提起，则需表现出同情并听他诉说。如果不幸的主角是你自己，则在谈论公事时，应尽量不要插入自己不幸事件的话题，因为这会让别人为难：是该对你表示同情，还是继续讨论公事？

（6）老生常谈或过时的主题

一张口都是一些老生常谈或过时的话题，会让人觉得庸俗、落后，跟不上时尚。

（7）黄色笑话

黄色笑话在房间内说可能很有趣，但在大庭广众下说，效果就不好了。常说黄色笑话的人会被认为是缺乏自信与能力的人，认为他只会用这种方式才能吸引别人的注意力。

（8）害人的谣言

工作中常有很多机会可以散布对他人前途不利的谣言，当你要开始谈论这些闲话之前请先思考一下：无论是"添油加醋"，还是这些内容可能都是真的，一旦说出口都会对他人造成伤害。如果要阻止别人继续讨论这些闲话，可以准备一些有趣的话题转移大家的注意力。

生活中，对于一些隐私性的、具有争议的、不幸的事件，或者害人的谣言，有识之士都会敬而远之。当然，对于这些话题，其他的场合并不是说绝不可谈，但在公众的场合应该避免谈起。这样，在交际中才会避免尴尬又不触及别人的痛楚，也有利于双方顺畅地交谈下去。

9. 把握好开玩笑的分寸

诙谐的人常能受到人们的欢迎与喜爱，他们总能为自己创造一个轻松愉快的交际氛围。但是，如果开玩笑不注意方式，则很可能会适得其反，既破坏了融洽的气氛，又伤害到双方的感情。因此，要把握好开玩笑的尺度。

（1）力求高雅

例如：拿别人的生理缺陷开玩笑，这是在故意揭别人的"疮疤"，把自己的快乐建立在别人痛苦的基础之上；津津乐道男女之间的私情，绘声绘色地传播庸俗、无聊甚至下流的情节，这是在寻求感官的刺激；捕风捉影，以假乱真，把小道消息作为茶余饭后的笑料，这是种不负责任的低级趣味。凡此种种，都是属于格调不高、内容不太健康的玩笑，是不应提倡的。开玩笑的内容一定要清新健康、风趣幽默、情调高尚，使所开的玩笑带有思想性、知识性和趣味性，使大家在开玩笑中学到知识，受到教育，得到陶冶，从而收到良好、积极的效果。

（2）态度友善

与人为善，是做人的根本，也是开玩笑必须掌握的一个原则。如果借开玩笑对别人冷嘲热讽，发泄内心的不满，即使你面前站着的是一位迟钝的人，他也会将你识破。你也许会因为口齿伶俐，占到上风，但你玩笑中潜藏的挖苦会使别人认为你对他不够尊重。从而，你们的关系就会慢慢疏远。

（3）行为必须适度

开玩笑除了借助语言表达外，还可以通过行为动作来逗人发笑。有两位年轻人，平时感情很好，都爱开对方的玩笑。一天，一个人摆弄鸟枪，对准另一个人说："不许动，一动我就扣动扳机。"结果，另一个人竟意外地被打成重伤。要记住：开玩笑千万不能过分。

（4）要区别对象

同一个玩笑，不能见人就开。人的身份、性情不同，对玩笑的承受能力也会有所不同。一般情况下，男性不宜先同女性开玩笑；晚辈不宜开长辈的玩笑；下级不宜开上级的玩笑。即使朋友之间开玩笑，也要考虑对方的性格和情绪状况。

（5）要分清场合

当别人在专心致志地学习和工作时，一般不应去开玩笑，以免分散其注意力，影响别人的学习和工作。在一些比较严肃、紧张甚至是悲哀的场合和气氛之中，例如参

招人喜欢的 社交礼仪

加庄重的集会或重大的活动,包括平时参加各种会议时,也都不能嬉笑打闹,以免冲淡现场的气氛。在公共场合和大庭广众之下,也应尽量不要打趣逗笑,因为人多嘴杂,容易引起某些不必要的误会。

看来,开玩笑不能过分,尤其要分清场合和对象。开玩笑需要忌讳以下几点:

①切记不要触及别人的避讳或痛处

人人都想掩饰自己的缺憾,如果你专拣别人的不足开玩笑,肯定处处招人厌烦。

②和异性相处时忌开色情玩笑

一些和异性相处也无所顾忌乱开色情玩笑的人,往往会招致别人的反感或曲解,可谓自损形象。

③不同辈分的人忌开一些轻佻放肆的玩笑

不同辈分的人在一起,不要开一些轻佻放肆的玩笑,不然的话,会破坏其乐融融的温馨气氛。

④朋友陪客人时,忌开朋友的玩笑

此时开朋友的玩笑,会让朋友觉得你为人放肆,扫他的面子。

10. 恰当的赞美有秘诀

心理学家认为,每个人都有自卑的情绪,都愿意听到他人的赞美。善于发现他人的优点,并恰到好处地赞美他人,不仅能很好地鼓舞他人,使人与人之间的关系变得更加密切,同时也是一种拥有良好美德的象征。我们有些青少年朋友,自信心非常强,从不轻易地低头,认为自己是最强的,自然也就不会轻易地赞美他人。当然,充满自信是难能可贵的,但是过于自信就相当于盲目自大;看不到他人的优点,就会给人一种高傲的感觉,影响我们的人际交往。

赞美别人也要讲求技巧,要给人真诚的感觉。过分地恭维别人,不仅给人一种虚情假意的感觉，同时也是在"贱卖自己的人格"。

赞美要给人真诚的感觉

赞美要给人真诚的感觉就是要"实事求是"，即在事实的基础上或稍加放大的赞美。对于一位长相普通的女士，如果你赞美她："您真是美极了！"这样的话不仅会让对方觉得你很虚伪，更会让对方对你产生厌恶的情绪。

赞美从细微处入手

美国社会心理学家海伦·克林纳德认为：正确的赞美方法是将赞美的内容详细化、具体化。其中有三个基本因素需要明确：你喜欢的具体行为，这种行为对你有何帮助，你对这种帮助的结果有无良好的感觉。有这三个基本因素为依托，赞美语才不会空泛笼统，才能给人留下好印象。

理了新发型，换了新衣服等，每个人生活中都有不少细小的事情发生，而此时赞美一两句，立刻能使对方感到愉悦。比如说："你这件新衣服真不错。""新发型真时尚啊！"就事论事，会让他人觉得十分得体，对你产生好感。如果你发现的对方的特色、潜能、优势，是他人甚至是其本人没有意识到的，你的赞美会令对方恍然大悟，不仅能让对方增强自信，而且也不会觉得你是在有意地讨好。

对于那些长相比较普通的女士，与其赞美她的长相，不如把赞美的重点放在她的衣着、谈吐上，这样会让对方觉得更可信，赞美也会达到最佳的效果。

赞美要"赞"到点子上

我们在赞美他人的时候，要寻找对方最希望被赞美的内容。每个人都有"自我感觉良好"的地方，他们固然希望得到他人的赞美，但是对于自身缺少自信的地方，尤其希望得到他人的肯定与赞美。

露露从升入大学的第一天，就被同学们评为"班花"。不用问，露露确实长得十分美丽。露露自己也知道，从小到大她听到的称赞最多的就是关于她漂亮的外表，对于这样的赞美，露露真是感觉有点儿"赞美疲劳"了。其实在她内心深处最希望听到别人说她"有才华，将来肯定会有所成就"。露露的男朋友就是靠着"别具一格的赞美"才赢得了她的芳心。"在我身上，他总能发现别人发现不

招人喜欢的 社交礼仪

了的优点。"露露开心地说。

"雪中送炭"的赞美

最好的赞美不是"锦上添花",而是"雪中送炭"。最需要赞美的不是那些功勋卓著的人,而是那些处于人生低谷、内心自卑的人。当他人身处逆境时,一句真诚的赞美可以使他重新振作起来,早日走出困境,大展宏图。

青少年朋友要学会真诚地赞美他人,它可以使你的社交之路变得平坦顺畅。

知识链接

雪中送炭

"雪中送炭"的意思是在下雪天给人送炭取暖,比喻在别人急需时给以物质上或精神上的帮助。

【典故】据说,宋太宗贵为帝王,却知道创业不易,因此生活很俭朴,也很能体恤百姓。

有一年的冬天很冷,太宗穿着狐狸皮外套,坐在温暖的屋子里还觉得冷。他思虑道:"天气这么冷,那些缺衣少柴的百姓肯定也很冷。"于是,他把开封府尹召进宫,对他说道:"现在这么冷,我们这些吃穿不愁的人都觉得冷,那些缺衣少食、没有木炭的百姓肯定更冷。你现在就带人拿着衣食和木炭去城里走走,帮帮那些无衣无柴的百姓。"开封府尹听后,立刻带人拿着衣食和木炭,去问候那些贫困的百姓。受到救助的人们都很感激。于是,历史上便留下了"雪中送炭"的佳话。

成语典故

【出处】:宋·范成大《大雪送炭与芥隐》诗:"不是雪中须送炭,聊装风景要诗来。"

第四章

餐饮礼仪

1. 参加宴会的基本礼仪

宴会是社交应酬活动的一个重要场合，形式多种多样。无论是舞会、酒会还是日常的聚会，礼仪繁琐复杂，而一些最基本的礼仪则需要我们时刻注意，这既能体现出一个人的素养，同时也是对宴会主人的一种尊重。

前期准备

接到对方的邀请，应早日答复对方是否能够出席。要对出席的地点、行车路线以及路上需要花费的时间做到心中有数，如果计划有变不能出席，应及时通知宴会主人，讲明原委并道歉。出席一些正式的场合，一般都要求衣着整洁大方、美观得体。女士应化一些淡妆，而男士虽然不用化妆，也应该保证面容、发型干净整洁。

如果是参加家庭宴会，可为宴会主人准备一些礼品，礼品不一定特别贵重，但要有意义，所谓"礼轻情义重"。特别需要我们注意的是，参加任何宴会都不能迟到。

宴会开始

入席时，不要"捷足先登"或是随便乱坐，应该听从宴会主人的安排，等主人或是主宾就坐

第四章 餐饮礼仪

后再坐下。入座后,坐姿要端正,不要东张西望或"抓耳挠腮",不要双手托腮,或是将胳膊放在桌子上。在正式的社交场合,即使是天气再热,也不能当众宽衣。

宴会开始后,如果主人要致辞,则应放下手中的餐具,正坐聆听。

进餐时,举止要文雅。餐桌上,不要动作过大,更不能用餐具对他人指指点点。使用餐具时,要照顾到邻座的客人,防止"筷子打架"。动作要轻,尽量避免发出碰撞的声音,这一点无论是吃西餐或是中餐都是适用的。

吃相要文雅,将食物小口地送入口中,不可"甩开腮帮子"大吃大喝。碰到带刺、较硬的食物,不要直接吐在桌子上,而是要用餐巾掩住口,用筷子取出,置于碟中或专用器皿中。

小小意外要泰然处之

我们在用餐的时候,有时会不小心将餐具掉在地上,这时可以要求服务员更换一下。当我们不小心把酒水洒到别人身上,应该马上道歉,并递上手帕或餐巾纸。

了解了这些宴会的基本礼节,将对我们参加宴会有所帮助。当然,我们也要根据不同的宴会形式,掌握不同的礼节,做到"有备无患"。

2. 中餐礼节知多少

中国是一个礼仪之邦,中式饭菜作为中国传统文化的一个重要组成部分,也有许多用餐的礼节需要我们注意。尤其是参加正式宴会时,一举一动都需要我们"多加小心"。

不要随意摆弄餐巾和餐具,要避免一些不合礼仪的行为举止,如:随意脱下上衣,摘掉领带,卷起衣袖;说话时比比画画,频频离席或挪动座椅;头枕着椅背打哈欠,伸懒腰,揉眼睛,弄头发等。这些都是十分失礼的举动,要尽量避免。

餐具摆放

中餐使用的餐具主要有：杯、盘、碗、碟、匙、筷等几种。在正式宴会上，茶水杯要放在菜盘的左上方，酒杯放在右上方，筷子放在专用的筷架上，汤匙放在小碟子里，餐巾或餐巾纸叠成花型插在杯中或是平放在菜盘下，备用的公用筷和汤匙放在专用的托盘上。另外餐桌上一般还备有调味料和牙签。

筷子是中餐中最主要的餐具，和西餐的刀叉一样，使用筷子也有很多讲究。有很多人一旦吃得兴起，常常"得意忘形，忘乎所以"。

小张大学毕业后顺利地进入一家国有企业工作，同事间相处得十分融洽，常常在一起聚会。小张也是聚会的常客，可是每每吃到兴起时，小张就会"忘乎所以"，把筷子当成了道具随意挥舞，让周围的人都不得不"退避三舍"。他还常常用筷子敲打碗碟，或是用筷子指点他人，虽然大家都知道他并无恶意，可是总觉得不自在。大家都说："聚会就是小张的'个人秀'时间。"

在用餐过程中，筷子的使用有很多讲究。在正式的宴会上，筷子一定要放在筷架上，放在碟子或碗上很容易碰掉。如果你不知道吃哪道菜，切不可将筷子在各菜碟间来回飞舞，犹豫不决；更不要把筷子当成叉子用，或是用筷子推动碗碟。当然，用舌头舔食筷子上的附着物是十分不雅观的，也影响了其他客人的食欲。

享用美食应多注意

餐盘的转动一般以逆时针方向为宜。如果他人正在转动餐盘，你不可逆向旋转，僵持不动是十分尴尬的。更不可用手固定住餐盘不停地夹自己喜欢的食物，这样做不仅十分失礼，更让他人轻视你。

在夹菜时，要等到菜肴转到自己面前再动筷子，不可抢在邻座前面夹菜。一次夹菜不要过多，也不能把桌上的菜一次性"夹个够"，这么做，你自己是省了事，可却让其他在座的人"大跌眼镜"，实属不雅。如果不小心把菜掉在了桌上，不可将其再放回菜盘中。邻座夹菜时要注意避让，防止筷子"打架"。

用餐时要注意我们的"吃相"。吃的时候要闭嘴细嚼慢咽，不要发出咀嚼和咂嘴的声音。中国人喜爱喝汤,在喝汤时要先用公用汤勺舀到自己碗里。不可用汤匙在汤碗里来回搅动。喝汤时,也不要发出不雅的声响。

进餐过程中,如果吃到鱼刺骨头之类,可用餐巾或手掩口,用筷子取出放在盘碟里,不可直接吐在桌上。剔牙时,要以手遮口,不能用筷子替代牙签剔牙。

用餐结束后,可以用小毛巾或餐巾擦擦嘴巴,但不宜擦拭额头、颈部,更不可"肆无忌惮"地当众打饱嗝儿。

了解了这些中餐礼节,在下次参加宴会时,相信得体的举动一定会为你增加不少好感度,赢得众人的青睐。

3. 莫把西餐当中餐吃

近些年来,人们吃腻了传统的菜肴,纷纷把目光转向了国外的食品,韩国餐馆、日本寿司店,甚至是泰国、马来西亚这些东南亚国家的餐馆也出现在我们身边,而这其中,西餐是比较早进入中国的。西餐厅给人的感觉不像中餐馆那么人声鼎沸、热闹非凡,而是一种惬意、优雅、安静的用餐环境。西餐厅的灯光柔和,常常配有轻柔的音乐,来这里享用美食的人往往被这优雅的环境所感染,人也变得安静了许多。因此,有许多人喜欢与朋友去西餐厅就餐。

如同西餐使用刀叉、中餐使用筷子一样,西餐和中餐在许多方面都有差异。出席、享用正式的西餐宴会,并不是一件轻松容易的事情。宴席过程中的一举一动、一颦一笑都必须掌握必要的礼仪分寸。这可以体现我们良好的礼仪修养。因此,在享用西餐之前,我们应该掌握一些享用西餐方面的常规礼仪。

就 座

西餐的座位排列与中餐有一定的区别,中餐多使用圆桌,而西餐一般都是用长桌。如果是男女二人同去餐厅,女士要坐在男士的对面,男士还应注意不要让女士坐在人来人往的过道边。如果是两位同性就餐，那么靠墙的位置应该让给其中的年长者。另外，我们还要注意西餐的一个规矩：每个人入座或离座时，要从座椅的左侧进出。

餐具使用

使用西餐餐具，一般是左手持叉，右手持刀。西餐所使用的刀叉很多，一般的摆放顺序是根据上菜的先后次序从外到内的。用过一道菜后，服务员就要将相应的刀叉撤走。所以，在你享用西餐的同时，千万不要手忙脚乱地弄乱了刀叉的顺序，否则到时餐具不够用或使用不上，甚是难堪！

使用餐刀切食物时，尽量避免餐刀撞击盘子发出声响，食物应该吃一块切一块。另外，餐刀是专门用来切割菜肴的，切不可图省事直接用刀将食物送进嘴里。

在用餐时，嘴唇不要碰及叉齿。

一手拿刀，一手用餐巾，或是一手拿刀，一手持酒杯都是不雅的吃相，更不能挥舞着刀叉和朋友聊天。

如果你在用餐中途需要放下刀叉，应将刀叉在垫盘上放成八字，注意：一定要刀口朝内，刀尖朝下，表示你将继续享用这道菜。否则，服务员有可能将这道菜撤走。如果你已经吃完某道菜，应将刀叉平行摆在菜盘上，注意刀口向内，刀尖向上，等待服务员将其撤走。

西餐用匙也很有讲究。喝汤时，要用右手持匙，左手扶盘或端碗，由内向外朝餐桌中心方向舀取汤汁。喝汤时，不要使劲吮吸，以免发出不雅的声响。如果汤太热，不要用嘴吹，要等汤放凉了以后再喝。喝完以后，应将汤匙放在盘内，注意匙心向上，匙柄放于右边边缘。

细节关乎礼节

面包是西餐的主食。吃的时候要将面包掰成小块吃。不要用嘴直接啃整块面包。如果需要涂抹黄油、果酱，应先用手将面包掰开，再用专用的小刀抹在面包上，然后再吃。

在喝饮料时，应先用餐巾擦一下嘴，然后再喝，不能在塞了满嘴食物时喝酒。同时，最好将进酒量控制在自己酒量的三分之一，以免酒后失态。如果主人提议干杯，大家应自觉起立，当主人要致辞时，应放下餐具，坐好聆听。

如果席间不得不打喷嚏、咳嗽时，应转身用手捂住嘴鼻，并向邻座表示歉意。为了防止发生食物喷出的不雅现象，嘴里含有食物时最好不要说话。

西餐的礼仪还有很多，可以说细致入微。也许你觉得这样吃饭实在是很不"自由"，这也许正是西餐的魅力，它不同于中餐觥筹交错的热闹，别有一番雅致的情趣在其中。

4. 自助餐——"少取多跑"最要紧

自助餐是时下很受青少年朋友欢迎的一种用餐方式。在吃自助餐时，有自己喜欢吃的东西，只要不会撑坏自己，完全可以放开肚量，尽管去吃。不限数量，保证供应，这也许就是自助餐大受欢迎的地方。

自助餐英文为 Buffet，原意是冷餐会、酒会。二战时，自助餐形式被广为引入到美军后方驻地的军用食堂。战后，美国风情成为一种极受欢迎的消费方式，这种美式自助餐也随之传播到世界各地，在我国的一些大中型城市，自助餐也逐步成为一种时尚的用餐方式。

"自己照顾自己"是对自助餐最好的定义。在自助餐会上,省去了点餐的麻烦,没有服务员的打扰,可以自由地选择自己喜欢的食物,大快朵颐。但是,在享受自己动手乐趣的同时,并不意味着我们可以因此而"不择手段"。

自助餐的礼节有很多,不能为了吃得过瘾,而将食物狂取一通。严格地说,在享用自助餐时,多吃是允许的,而浪费食物则绝对不允许。这一条,被世人称为自助餐就餐时的"少取"原则。

另一条是"多次"的原则,是"多次取菜"原则的简称。即我们在自助餐上选取某一种类的菜肴,每次应当只取一小点儿,待品尝之后,觉得它适合自己的话,那么还可以再次去取,直至自己感到吃好了为止。换而言之,这一原则其实是说,在自助餐选取某菜肴时,去取多少次都无所谓,一添再添都是允许的。相反,要是为了省事而一次取用过量,装得太多,则是失礼之举,必定会令其他人侧目视之。"多次"与"少取"的原则其实是同一个问题的两个不同侧面。"多次"是为了量力而行,"少取"也是为了避免造成浪费。所以,二者往往也被合称为"多次少取"原则。

因为没有记住"多次少取"原则,我们的主人公小谨在众人面前丢尽了脸面。

一次,小谨参加同学家里举办的一个小型的自助餐会。在此之前,小谨并没有参加正规的自助餐会的经历,她小心翼翼地开始了自己的首次"自助餐之旅"。但是在用餐开始之后小谨发现其他用餐者的表现非常"随便",也就"依瓢画葫芦",像别人一样放松了。

让小谨开心的是,她在餐台上排队取菜时,竟然看到自己平日最爱吃的北极甜虾。于是,她毫不客气地盛上了满满一大

盘。照小谨看来：这东西虽然好吃，可也不能一遍遍地跑来取，否则别人就会嘲笑自己没见过世面了。而且，北极甜虾这么好吃，这回不多盛一些，保不准一会儿就没有了。所以小谨决定来一个"让我一次吃个够"。

然而令小谨脸红的是，当她端着盛满了北极甜虾的盘子从餐台边上离去时，周围的人居然个个都用异样的眼神盯着她。有一位同伴还用鄙夷的语气小声说道："真丢人！"事后小谨才知道，自己当时的所作所为，是有违于自助餐礼仪的。在自助餐上自取菜肴时，应当"量力而行"，每次只取一点点。吃完之后，允许一而再，再而三地去取用。可是，若为图一劳永逸，不管三七二十一大装特装一通，在别人眼里，就如同一个"饿死鬼"打劫一样了。

所以，我们在享受自助餐的时候，不能够放任自己，还是需要注意一些自助餐礼仪。

取菜时，一般应该按照顺时针方向排队行进，取完后立即离开，在美食面前徘徊不决，而让他人久等是很失礼的事情。

浪费食物无论在哪里都是不礼貌不道德的，自助餐也是一样，而且自助餐不同于普通的餐馆用餐，"吃不了兜着走"是万万行不通的。

自助餐让我们在最短的时间里和有限的空间内尝尽各式美食，正是这种难以抵挡的诱惑才吸引着我们乐此不疲。如果在享受美食的同时注意礼节，那么相信你的这顿自助餐之旅一定是美好而难忘的。

5. 静静享受咖啡的浪漫情调

"星星有多重？"

"八克。"

"为什么呢？"

"你没有听说'星巴克'吗？"

招人喜欢的社交礼仪

　　这个笑话在一部分时尚青年中广为传播，在给我们带来欢笑的同时，我们忽然发现"星巴克"的影响已经深入人心，更准确地说，是咖啡已经从一种上层阶级的专属品，变成我们生活中一道美味的"甜品"，深入到我们每个人的生活中了。关于咖啡还有这样一个故事：

　　1991年"海湾战争"爆发，法国人担心战争会给日常生活带来影响，纷纷跑到超级市场抢购商品，当电视台的采访记者把摄像机对准抢购商品的民众时，镜头里显示的却是顾客们手中拿着大量的咖啡和方糖，一时传为笑谈。

　　可见，咖啡的魅力非比寻常。我们喝咖啡，品尝的是一种情调，一种文化，浅啜慢饮，才能享受咖啡带来的浪漫气氛。在品尝咖啡的时候，有很多礼节需要注意，尤其是在社交场合，从一个人喝咖啡的举止上，就可看出这个人是否是绅士或是淑女。

　　我们常常能在电视里看到这样的场景：一个穿着颇为气派的男士，一只手握着杯子，急不可耐地大口大口地喝着咖啡；而有的女士则用小勺舀着咖啡喝。其实这些做法都是错误的，想以优雅的姿势品尝咖啡，你必须这样做：

　　咖啡杯的杯耳一般比较小，我们在端拿咖啡时，不要双手握杯，更不能用手指穿过杯耳，而是用拇指和食指轻轻地捏住杯把儿；

　　喝咖啡时，切忌大口吞咽，也不要俯首就杯，更为不雅的是发出声响；

　　在给咖啡加糖时，要用糖夹子夹至咖啡碟的近身一侧，再用咖啡匙把方糖放入杯内，如果我们直接用糖夹子把糖放入杯内，可能会把咖啡溅出，弄脏衣服和台布；

　　有的人喝咖啡时常常没有耐心，直接用嘴去把咖啡吹凉，这样是十分不雅的，正确的做法是用咖啡匙搅拌使之冷却，或是耐心地等待它自然冷却后再饮用。另外咖啡匙是专门用来搅拌咖啡的，饮用咖啡时，要把咖啡匙放在杯盘上，不能留在杯内，更不能用咖啡匙一勺一勺地舀着喝；

　　我们通常会在喝咖啡时吃一些点心，但不要一手拿杯一手拿点心，边吃边喝，这样非常有碍观瞻。

　　现如今，咖啡文化可以说是一种很成熟的文化形式了，世界各国喝咖啡的方式不同，但对咖啡的热爱却是一样的。

　　在奥地利的维也纳，咖啡与音乐、华尔兹舞并称"维也纳三宝"，可见咖啡文化的意义深远。

在意大利有一句名言:"男人要像好咖啡,既强劲又充满热情!"把男人等同于咖啡,这是何等的非比寻常。

约上三五个好友,静静地品尝咖啡,享受冬日午后暖暖的阳光,这样的生活怎一个"惬意"可以形容!

6. 酒桌上的礼仪细节

谈起喝酒,几乎所有的人都有过切身体会,"酒文化"也是一个既古老而又新鲜的话题。现代人在交际过程中,已经越来越多地发现了酒的作用。

的确,酒作为一种交际媒介,迎宾送客,朋友聚会,彼此沟通,传递友情,发挥了独到的作用,所以,探索一下酒桌上的"奥妙",可以有助于人际交往的成功。

(1)众欢同乐,切忌私语

大多数酒宴宾客都较多,所以应尽量多谈论一些大部分人能够参与的话题,得到多数人的认同。因为个人的兴趣爱好、知识面不同,所以话题尽量不要太偏,避免惟我独尊、天南海北、神侃无边,出现跑题现象,而忽略了众人。

特别是尽量不要与人贴耳小声私语，给别人一种神秘感，往往会产生"就你俩好"的嫉妒心理，影响喝酒的效果。

（2）瞄准宾主，把握大局

大多数酒宴都有一个主题，也就是喝酒的目的。赴宴时首先应环视一下各位的神态表情，分清主次，不要单纯地为了喝酒而喝酒，而失去交友的好机会，更不要让某些哗众取宠的酒徒搅乱东道主的意图。

（3）语言得当，诙谐幽默

酒桌上可以显示出一个人的才华、学识、修养和交际风度，有时一句诙谐幽默的语言，会给别人留下很深的印象，使人无形中对你产生好感。所以，应该知道什么时候该说什么话，语言得当、诙谐幽默很关键。

（4）劝酒适度，切莫强求

在酒桌上往往会遇到劝酒的现象，有的人总喜欢把酒场当战场，想方设法劝别人多喝几杯，认为不喝到量就是不实在。

"以酒论英雄"，对酒量大的人还可以，酒量小的可就犯难了，有时过分地劝酒，会将原有的朋友感情完全破坏。

（5）敬酒有序，主次分明

敬酒也是一门学问。一般情况下敬酒应以年龄大小、职位高低、宾主身份为序，敬酒前一定要充分考虑好敬酒的顺序，分明主次。即使与不熟悉的人在一起喝酒，也要先打听一下身份或是留意别人如何称呼，这一点心中要有数，避免出现尴尬状况或伤感情。

敬酒时一定要把握好敬酒的顺序。有求于席上的某位客人，对他自然要倍加恭敬。但是要注意：如果在场有更高身份或年长

的人，则不应只对能帮你忙的人毕恭毕敬，也要先给尊者长者敬酒，不然会使大家都很难堪。

（6）察颜观色，了解人心

要想在酒桌上得到大家的赞赏，就必须学会察颜观色。因为与人交际，就要了解人的内心，左右逢源，才能演好酒桌上的角色。

（7）锋芒渐露，稳坐泰山

酒席宴上要看清场合，正确估价自己的实力，不要太冲动，尽量保留一些酒力和说话的分寸，既不让别人小看自己又不要过分地表露自身，选择适当的机会，逐渐显露自己的锋芒，才能稳坐泰山，不致让别人产生"就这点能力"的想法，使大家低估你的实力。

7. 聚会致辞

同学毕业若干年之后，相约搞一个正规的聚会，看看昔日同学的变化，听听同窗挚友的奋斗历史，谈谈彼此间的友情，表示一下美好的祝愿，这是很有意义的事情。有聚会，必然就有聚会致辞，因为聚会致辞不仅可以表达自己的心愿，还可以活跃气氛。

关于聚会致辞有一些需要注意的地方：

要有恰当的称呼。恰当的

招人喜欢的 社交礼仪

称呼，一是可以引起同学们的注意，二是能够使同学们一下子回忆起昔日共读的情景。同学聚会致辞的称呼一般有下列几种："各位同学""同学们""亲爱的同学们""各位同窗好友""各位老同学"等。

要有一个简单的开场白。致辞总得有个开场白，或营造氛围或沟通感情或引起下文。要注意的是，开场白必须简洁、朴实、真切，不能哗众取宠。

正文部分要有实在的内容。聚会致辞要有实在的内容，不能海阔天空，空洞无物。重点可以突出两方面：一是对往事的回顾，往事很多，不能面面俱到，而是要高度概括，重点说明同窗之情的浓厚；二是赞扬同学们在各自的岗位上所取得的成绩，可先总括，再点明几位比较突出的。

要有一个祝愿未来的结尾。同学聚会致辞一般以提出希望祝愿未来的话语作结，以勉励同学们在今后的人生道路上奋发上进，取得更大的成绩。

上述四个要求是演讲者必须注意的问题，这四项要求就是同学聚会致辞的框架。同时还要注意演讲礼仪的一般性特点，如注意礼节、文雅别致、短小精悍、以情感人等，只有这样才能讲出精彩的同学聚会致辞。

第五章 馈赠礼仪

招人喜欢的 社交礼仪

1. 送礼送到心坎上

送礼的主要目的是为了给人带来欢欣，而送礼的形式和内容可反映出送礼者的个性。礼物就像一面镜子，从中可以看到赠送者虚荣和朴实、轻佻和幽默、俗气和高雅。也正是因为礼物有如此大的功效，常常会令我们绞尽脑汁，不知道送什么才好。

看过《宰相刘罗锅》的观众一定还记得其中的一个情节：乾隆皇帝要过生日，大臣们都在为送什么礼物而头痛。乾隆皇帝富有四海，还有什么东西没见过呢？就在众大臣苦思冥想的时候，刘罗锅却早已心中有数。等乾隆寿辰到来的这天，众臣子都送上了各地的宝物，乾隆皇帝虽欣然接受，却并没有露出喜色。轮到刘罗锅了，只见他提着一个铁桶，里面装满了鲜姜，走上殿来。皇帝不认识鲜姜，大臣们也不知道刘罗锅葫芦里卖的什么药。刘罗锅说道："我的礼物就叫做'一统江山'，铁桶里装的是鲜姜，故叫做'一桶姜山'。"乾隆听了，不禁龙颜大悦。刘罗锅没花多少钱，却收到了极好的效果，虽然大臣们都说他是"投机取巧"，可不能否认的是，这个别致的礼物在赢得皇上欢心的同时，也没有劳民伤财，可以说是一举两得。

由此看来，礼物不在于是否贵重，关键要看有没有用心思，是不是能很好地代表我们的心意。多想想对方到底想要什么，或是希望什么，才是送礼时我们最需要考虑的。以下是一些小小的送礼技巧，大体上，只要送礼者能将心比心，选择你自己也希望收到的礼物，就会收到意想不到的效果，如果你送的礼物连自己都不喜欢，别人又怎么会喜欢呢？

不要把去年收到的礼物今年再转送出去，因为送礼的人通常都会留意你有没有使用他所送的礼品。曾经有一个相声，讲的就是相同的礼物"泛滥成灾"的故事。主人公在中秋节时收到了"堆积成山"的月饼，可是他却为如何处理这些月饼而发愁。最后，全家三口开始了消灭月饼的"战斗"，一天三顿饭都是月饼，饶是这样突击，月饼还是吃不完。最后没办法，只好把一些月饼送人了。可是等到来年中秋节时，主人公却收到了自己去年送出去的月饼——上面还有他的牙印。看来，收月饼的人连包装都没打开，月饼转了一圈又回到了原地。这则相声虽然有些夸张，但是也能反映出现在相似礼物过剩、送礼物不花心思现象的大量存在。

如果你比较富有，送礼给一般的朋友也不宜出手阔绰，因为有时这会引起不必要的尴尬，会让对方觉得你是在"摆阔"，结果往往适得其反。

记得把礼物上的价格标签拿掉，如果把价标留在礼物上，礼物就传递两个讯息：一个是"我们的情谊值多少钱"，另一个是"看着吧！下次得回同样价格的礼物给我"。而这两个讯息，可以把送礼的所有情分都打得粉碎。此外，不论礼物本身价值如何，都要打好包装再送，这是礼节。

送礼时，必须考虑到接受礼物的人在日常生活中能否用得上，或者你的礼物是不是会给对方带来"不便"。我们常常会收到一些很有意思的礼物，但是在新鲜劲过去后，处置这些礼物却成了头号难题。

小梅在圣诞节的时候，收到了朋友送的一棵巨大的圣诞树。挂满了装饰品和彩灯的圣诞树十分惹眼，也为圣诞增添了节日气氛，小梅真是"爱不释手"。可是等到圣诞节一过，这棵巨大的圣诞树怎么处理就让小梅头痛不已。原来小梅自己在外租房住，本来不大的地方，又加上这棵圣诞树，真是快没地方站人了。而且搬家的时候也很麻烦，扔掉，小梅不舍得；带着，却不易搬运。一棵圣诞树，真是难住了小梅。

2. 送礼的方式

无论送什么礼，都离不开这些方式：亲自送，委托他人送，雇请专门公司送，匿名送。

（1）亲自送

一般情况下，亲自赠送礼物是最佳方式。当亲手把礼物送给受礼者，这份礼物便增加了它的重要性和意义。因为礼物被递交出去时，你的声音、表情，甚至握手和拥抱，都会让对方感到激动。

亲自送礼还有利于当面说明送礼意图，并可以与受礼者同时分享喜悦之情。如，本人亲送鲜花是送花最基本的形式，不但可以与受赠者一同分享当时的喜悦，而且还可以现场解说自己送花的缘由及含义，不致使送花的行为引起误解。

（2）委托他人送

有时碍于客观条件，如本人没有时间，或是为了借用他人与对方的关系，不能亲自把礼物交到对方手上，只有委托他人或亲朋好友代替送递。

这种方式有其独到的好处，当送礼者本人羞于开口，或者不方便与受礼者见面的时候，受委托者可担任赠送者的最佳信使，甚至可以当面说赠送者所难言之事。

通常，委托他人转送礼品时，应附上一枚送礼人的名片。它既可以放在礼品盒内，也可以放在一个写有送礼人姓名的信封里，然后再将这个信封固定在礼品的包装之上。

除非万不得已，这种方式最好不要常用，因为委托他人送递，有时会出现表达不清的情况，影响送礼的真正意图。

（3）雇请专门公司送

通过支付一定的费用，雇请专门公司的送礼使者替自己送去礼物，现已渐渐被越来越多的人接受。这种方式有三种好处：一是可以节省时间；二是可以制造浪漫情调；三是对方如果不愿意见到本人，这样做可以减少对方的心理压力。鲜花类礼品大多都由花店负责递送，因为它们需要妥善照顾与处理，保证在到达目的地时仍然能保持新鲜。其他易损毁礼品，如水果、巧克力、焙制品等，也同样需要处理与照顾，以保持其原来风貌。在可能的情况下，这些礼品应尽量让商家去送。

一般在订购礼品之前要预先通知受礼者。比方说，一位晚宴的女主人并不晓得你有意送她晚宴餐桌的中央花饰，她自己可能早就向花店订妥鲜花，而宾客即将盈门时，花店却同时送达两份花饰，徒增女主人的困扰。

不过，如果你预先通知过她，或者安排花店和她联系，并且还请教她偏爱哪类花色，你的礼物就变得更为贵重，更具价值。

在委托专有公司投送礼品要注意以下事项：

①你是否需要保密的匿名送礼服务？若肯定，就要事先说明。

②你是否要附带卡片表达心意？专业公司提供代写贺卡和代留言服务。

③你提供的送礼地址是否正确？是否知道最佳的送达时段？对方是否能直接收到？

④当然，除了提供地址外，你还要注明谁是收礼人。

⑤包装上是否有特别要求？对方是否对某类物品（或颜色）敏感？

⑥收礼查询。你要及时查询给朋友的礼物收到没有。

（4）邮局寄送

邮局也是一个寄送礼品的专门渠道。通过邮购，可节省逛街所耗费的精力及体力。在翻阅邮购杂志的同时，如看到合适的礼品，可做个记号，然后等到时间差不多了，再下订单。有些邮购公司会将礼物直接送到对方手中，并附上留言卡片。

祝贺节日、赠送生日或纪念日礼物，都可以采取这种方式。这时应随礼品附上送礼人的名片，也可手写贺辞，装在大小相当的信封中，信封上注明受礼人的姓名，贴在礼品包装的上方。

（5）匿名送

有时，邮局或其他快递公司给你送来一份礼品，你会感到莫名其妙，因为你不知道送礼者是谁。这就是匿名送礼。以这种方式送礼,是为了不让受礼者知道送礼者的身份,给人留下想象空间。

一位失去爱妻的丈夫,无法从打击中摆脱出来,他变得异常冷漠,没有人能使他振作起来。新年将至,邮递员送来了一束鲜花,花旁附有一张新年贺卡。贺卡的封面图案很简单,洁白的纸上画着一片绿色的叶子,叶子上方印着五个字:默默的祝福!打开贺卡,他没找到寄卡人的姓名,在洁白的纸上,只有一行钢笔字:祝愿您快乐!别问我是谁。

贺卡别具一格,寄卡人以匿名的方式,使受卡人产生更多的联想,从而达到很好的抚慰与激励效果。

除了这种特殊情况,一般最好不要匿名送礼,这样做只会使受礼者大伤脑筋,毕竟每个人都希望知道礼物来自何方,自己应当向谁道谢。

3. 赠送礼品的场合和时机

在向对方赠送礼品时,要注意适当的场合和时机。否则,再好的礼品也可能受到冷落。

(1)馈赠礼品的场合

馈赠礼物要考虑场合,不同的场合要选送不同的礼物。赴宴做客时应给女主人带些小礼品,有孩子的可给孩子送个玩具;参加婚礼可送上一束花或一件工艺品,并致以美好的祝福;逢年过节,可送日历、烟酒、糖茶等礼物。赠送礼品可以在公开的场合,也可以在私下场合,这主要看礼品的性质。

如果赠送的礼品实用价值不高却具有某种象征意义,不妨在公开场合赠送。如一束鲜花、一枚徽章、一张贺卡等,就可以直接送到对方的办公室,这样,在向受礼者表达心意的同时,也可以向其同事展示受礼者的高雅和清廉,使受礼者在感受送礼者对其尊重的同时,产生一种精神上的圣洁感和崇高感。

如果想让众人变成你们真挚友情或爱情的见证人,适宜在公开场合赠送礼物。如举行婚礼时,新人双方在宾客的道贺声中互赠戒指等信物。

如果赠送的礼品是食品或者其他实用品,即使是送亲朋好友,也不宜在公开场合相赠。因为,这容易引起旁人的误解,让人感觉有贿赂的嫌疑,使受礼者的形象受损,并可能招致他人的反感。

(2)赠礼的时机

赠礼的时机是指送礼者把礼品递送给对方的恰当时间。一般来说,礼品应当在一见面时就送给对方,如果此时不太方便,也可以在分手道别时再赠送。送礼的时候,不管礼物丰厚还是俭薄,都应大大方方地拿出来,切忌偷偷摸摸地将礼物放在某个角落。

对选择何时送礼并无绝对的规定,虽然,迟到的礼物如在圣诞节和生日后送出贺礼就失去了它们的意义,但是在某些场合,推迟送礼时间却是一个好主意。

当表达所受的特殊服务的感激之情时,礼物最好是在服务完结之后再送,表明送礼的动机仅仅是感谢。

如果你在出差时受到他人的盛情招待,那么你最好在离开之前表达自己的感激之情。在离开的那天送上一束花是再适合不过的了。

如果被邀请到一个从未去过的地方度周末,可以带上准备好的礼物或是事后送上一些个人物件。

人们一般在接受邀请和婚礼之前送结婚礼物。然而,亲友和好朋友可以对新娘说:"我想等你安顿下来再送礼物给你,这样我就会知道你真正需要什么,您说这样好吗?"一经提醒,新娘肯定会觉得这是一个好主意。

招人喜欢的**社交礼仪**

如果你将去一所豪华宅邸或乡村别墅小住,首次最好不要带礼物去。旅行家德布雷特是这样解释的:"礼物最好在访问之后再送,因为拜访时能使您有机会了解到主人的兴趣爱好。"

但随着交往的日益增多,送礼的最佳时机在一些方面已形成惯例。如:

在会见和会谈时,如果准备向主人赠送礼品,一般应当选择在起身告别之际。

拜访、赴宴、道喜、道贺时,如果要向对方赠送礼品,通常选择在双方见面之初相赠。

出席宴会时向主人赠送礼品,可在起身辞行时进行,也可选择在餐后吃水果之时。

观看演出时,可酌情为主要演员预备一些礼品,并且在演出结束后登台祝贺时当面赠送。游览观光时,如果参观单位向自己赠送礼品,最好在当时向对方回赠一些礼品。

为专门的接待人员、工作人员准备的礼品,一般在抵达当地后尽早赠送给对方。

作为东道主接待外国来宾时,如要赠送一些礼品,可在来宾向自己赠送礼品之后进行回赠,也可以在外宾临行的前一天,前往其下榻之处进行探访时赠送。

4. 送礼语言要得体

送礼时讲究语言的表达,平和友善、落落大方的动作伴着得体的语言表达,不但能表达送礼者的心意,而且让受礼方乐于接受礼物。那种做贼似的悄悄将礼品置于桌下或房间的某个角落,不仅达不到馈赠的目的,甚至会适得其反。

(1)送礼时的寒暄

在呈上礼物时,送礼者一般应站着,双手把礼品递送到主人手中,并说上一句得体的话。

送礼时的寒暄一般应与送礼的目的吻合，如送生日礼物时说一句"祝您生日快乐"，送结婚礼物时说一句"祝两位百年好合"等，拜年送礼时可说一句"新年好"。

送礼时，有人喜欢强调自己礼品的微薄，如"区区薄礼，不成敬意，请笑纳"、"这是我们的一点小心意，请收下"。其实，此时可以说出自己在礼品上所花的心思，以表示自己的诚意，如"这是我特意为您挑选的"。

西方人在送礼时，喜欢向受礼者介绍礼品的独特意义及价值，以表示自己对对方的重视。与西方不同的是，谦虚是中国人的传统美德，中国人在送礼时，也常常有自谦的习惯。

一般而言，送礼时运用谦和得体的语言，会营造一种祥和的气氛，无形中增加相互间的友谊。但过分的谦虚最好避免，如"薄礼""微薄""不成敬意"或"很对不起"等，这可能会引起对方的轻视。

当然，如果在赠送时以一种近乎骄傲的口吻说"这可是很贵重的东西"，也不合适。在对所赠送的礼品进行介绍时，应该强调自己对受赠一方所怀有的好感与情义，而不是强调礼品的实际价值。否则，就落入了重礼轻情的地步，甚至会让对方觉得你是在炫耀，这样，好端端的情意礼品，反被你的一番话给糟蹋了，那岂不冤枉？

有些人到对方家中拜访直到要离开时，才想起该送的礼品，在门口拿出礼品时，主人却因为谦逊、客套而不肯接受，此时在门口推推扯扯，颇为狼狈。

避免这种情况的办法是：进到大门，寒暄几句就奉上礼品，这样就不会出现因为对方客套而不收礼的尴尬情形。如果错过了在门口送礼的时机，不妨等坐定后，在主人倒茶的时候送出。此时，不仅不会打断原来谈话的兴头，反而还可增加一个话题。

（2）受礼时的寒暄

受礼者在接受礼品时通常应站着相接，表示尊重对方的礼品和送礼的诚意，并说一些客气或感谢的话，如"您太客气了""让您破费，真不好意思"，或是简单地说声"谢谢"。切忌收到礼品时，什么也不说，随手放到不起眼的地方，这样会让对方认为你对他不重视，不感兴趣。这是一种失礼的行为，是不尊重他人的表现。

招人喜欢的 社交礼仪

现在，有不少人喜欢当着送礼者的面，表示自己对礼物的喜爱，以此来感谢送礼者。受礼者最不恰当的寒暄，是告诉对方并不需要对方所送的礼品，如"这东西我家里很多，您还去破费"等。

即使当你打开包装，发现是一条你不喜欢的橘色围巾时，也不可用语言表达你不喜欢，因为，太过直率会破坏人们对你的印象，而且，更会使送礼者感到尴尬和坐立不安。当某人送了你一个皮制的年历，而这样的物品你已经有四个了，您还是应该说："好漂亮！"

如果你感到收到的礼物品质低劣，就不要在随后的答谢函上加以赞美。只要简单地答谢送礼者说："在这个节日里，谢谢您还记得我们。"

当你确实喜欢收下的礼物，你就应该让送礼者知道礼物在自己心中所引起的热切之情，这会令他兴奋不已。

在送接礼物的过程中，寒暄、客套的人比较重视礼仪，然而寒暄时如果说话不得体，反倒更加失礼。

如有人收下礼物时，顺口问了一句："这东西很贵吧？"对受礼者来说，这本是一句客套话，然而会使送礼者感到生气、难堪。因为在你收到礼物时提及价钱，会令人觉得俗不可耐，仿佛只懂得以金钱来衡量礼物的价值，如此一来，对方对你的评价自然很低。所以，收到礼物的人只须表示感激或赞美，不应询问价格高低。

一般来说，不应当面拒绝他人的礼物，除非所送礼物违反了送礼的禁忌。出现这种情况时，受礼者应当委婉而又坚决地拒绝收礼，如果送礼者不知道自己错在哪里，应当向他暗示一下礼物不妥的原因。

礼物被拒收时，馈赠者不要太勉强，也不要动怒，更不要随口说一些不恰当的话，恶化双方的关系。正确的做法是，送礼者稍作解释或表示歉意后，把礼品带走。然后，分析一下受礼者拒收的原因，之后再采取相应的行动，不失为一种良策。

5. 如何受礼和答谢

为了肯定和感谢馈赠者的深情厚谊，受礼人应该知道如何优雅地接受礼物，如何答谢对方。

（1）如何受礼

一般情况下，对于一件得体的礼品，受礼人应当郑重其事地收下。大多数人都很幸运地接受过礼品，但并不是都能很优雅地接受别人的礼品。

当他人口头宣布有礼相赠时，不管自己在做什么事，都应立即中止，起身站立，面向对方，以便有所准备。

在对方取出礼品，预备赠送时，不应伸手去抢，开口相问，或者双眼盯住不放，以求先睹为快。此时此刻，应保持良好的受礼风度。

在赠送者递上礼品时，要尽可能地用双手前去迎接。不要一只手去接礼品，特别是不要单用左手去接礼品。在接受礼品时，勿忘面带微笑，双目注视对方。接过来的若是对方提供的礼品单，则应立即从头至尾细读一遍。正式场合下，受礼者应用左手托好礼物（大的礼物可先放下），抽出右手来与对方握手致谢。

此时，对礼品赞不绝口是不够的，在双手接过他人礼品的同时，应向对方立即道谢。"谢谢您"三个字表明，感谢的不是礼物本身，而是对方的一片心意。

还可以找一些动听的话，或者令人开心的话来说。可以感谢送礼人所花费的心血："您能想到我太好了。"可以感谢对方为买到合适的礼品所付出的努力，如："您竟然还记得我收集邮票。"

接受礼物时要注意礼貌，但不要过于推辞，没完没了地说："受之有愧，受之有愧！"这样很容易伤害到送礼者。

接受礼品后，欧美人喜欢当着客人的面，小心地打开礼物欣赏，从外包装夸赞到内包装，看见了礼物，也会好好地夸赞一番，高兴时甚至还会拥抱送礼者一下,与送礼者共同分享收到礼物的喜悦。欣赏完礼物,他们会重新将礼物包装好,对他们而言,这才是一个完整的受礼礼仪。

而中国人在接受礼品时,一般不会当着送礼者的面把礼物打开,而是把礼品放在一边留待以后再看。这是为了避免自己万一不喜欢对方所送礼物时的尴尬,也是为了表示自己看重的是对方送礼的心意,而不是所送的礼品。还有一点是,如果给不同地位的人赠送不同的礼物,当场不打开礼物可以避免相互之间的比较。

但今天已不再这么刻板了,如果现场条件许可,时间充裕,人数不多,礼品包装考究,那么,在接过他人相赠的礼品之后,应当尽可能地当着对方的面,将礼品包装当场拆封。这表示自己看重对方,同时也很看重获赠的礼品。在启封时,动作要井然有序,舒缓文明,不要乱扯、乱撕、乱丢包装用品,此时,撕破包装纸不仅被认为是粗鲁的举止,同时也是对赠送者的不尊重。但请注意,结婚礼品是不可当场打开的。

当面拆开包装之后,要以适当的动作和语言,表示对礼品的欣赏。比如,可将他人所送的鲜花捧起来闻闻花香,随后再将其装入花瓶,并置于醒目之处。

要是别人送了一条围巾给自己,则可以马上围在脖子上,照一照镜子,并告诉赠送者及其他在场者,"我很喜欢它的花色",或是"这条围巾真漂亮"。即使对方送的礼物自己很不喜欢,这时你也不得不说出些违背内心的善意谎言。记住:千万不要拿礼物开玩笑,除非那是一件恶作剧的礼物。

(2)如何回赠

一般情况下,为了加强联系,增进友谊,收到馈赠的礼品后,受礼人要答谢。在节日庆典时,可以在客人走时立即回赠。在生日、婚庆、晋级升迁等时间接受的礼品,应在对方有类似的情形或适当时候再回赠。

回赠的礼品切忌重复,一般要价值相当,也可以根据自己的情况而定,但也不必每礼必回。

为了回赠对方满意的礼物,在接受他人的馈赠时,应留心记住礼物的内容,回赠时以选择类似的物品为宜。例如:对方送一套陶器用品,回赠时可选择同是陶器类的物品作为礼物。因为一般人在选择礼物时,无意之间会选择自己喜欢的物品。因此,回赠对方时,不妨参考一下对方馈赠的礼物,较易赢得对方的喜悦。

第五章 馈赠礼仪

（3）写一封感谢函

收到礼物后，最好要以书面的形式表示感谢，不论亲笔写的短笺或电脑打印的都可以，而不是随便一个电话，说声"谢谢"。这是送礼中的一个基本礼节，也是我们很欠缺的一课。感谢函要在收到礼物后的几天，最迟两个星期内寄出。如果同时收到很多礼物，也必须抽时间尽快回复，而且每一件礼物都应分开亲自致谢。如果是结婚贺礼则另当别论，送礼人心里都很清楚，受礼者双双度蜜月去了，所以不会期待你们在度完蜜月之前致谢。

如果送礼的人太多或时间太紧，不能及时给每位送礼者写感谢信，那么，可以给每位送礼者寄张明信片，表明已收到了礼物。这是万不得已的策略，稍后有空时仍应写封感谢信。

过去，感谢函往往只寄给女性，即使礼物是夫妇俩送的，现在谁送就写给谁。如果夫妇俩都在贺卡上签了名，那么感谢信上也要写上两个人的姓名。

如果对方送了钱，在感谢信里还可以提一下你们准备如何花这笔钱，但不要提及钱的数目。

写感谢函时，口气听起来也要像当面道谢一般。内容应简短扼要，不要太长，但是要充满感情，有些词应该是特别提到的，如"美好的礼物"等。

为舞会和晚餐所送的花篮不必写感谢信。如果确实很重要，那还是要写信表示感谢。可以在一张正式的卡片上写道："您真好——我喜欢它"，或"您不该这样——但它让我很感动"。在这种情况下，要注意避免"谢谢"的字眼。

值得注意的是，如果所收的礼物质量很差，那就不要在答谢函上加以赞美，只要简单地在答谢函上写道："在这个美好的日子里，谢谢您还记得我。"

6. 把握送礼的尺度

凡事都讲分寸，送礼也不例外。要想把礼送到对方心坎里，就要注意送礼的原则，把握好原则，才不至于有失分寸。虽然我国有句古话：礼多人不怪，但毫无理由的馈赠绝非多多益善。送礼要有节制，而不是没原则地送。例如朋友生日、同事结婚可以送上一份礼物，以表心意。但不能动辄就送礼，这样对方不但不会感激，还会疑心你另有所图。

（1）时机恰当原则

对于送礼者而言，送礼的时机宜自然。

首先，送礼可以利用特殊的时机。利用生日，平时把同事以及亲朋好友的生日记在一个小本子上，并在家里的挂历上标上记号，等到他们生日那天，送上一份特别的礼物。

利用偶发事件。例如朋友的父母不幸病故，同学突然宣布结婚……遇到这类事情或安慰、或祝贺，礼物是少不了的。

利用卧病在床的机会。人一旦生病卧床不起，都会变得脆弱烦躁，名声虚荣也都顾不上了，这时他最需别人探望。如果朋友、同事因病在家，你应该在完成一天的工作后，带着礼物去他家里探望慰问。闲聊时不要谈及工作，要表现出关心、同情、诚恳的样子。

婚丧嫁娶也是送礼的好时机。

亲朋好友、同事本人或他们的孩子有婚嫁、生小孩儿时，要及时送去礼物，并且热心帮忙。

听说朋友或同事的亲人去世，应主动慰问死者的家属，举行葬礼时还要去送行。

除上面所述之外，下面这些情况也是你送礼的好时机：

感谢同事把你介绍给一个他（或她）认识的人，不管这对你有没有好处；

感谢某人提供你获得生意的资讯，或是帮你解脱某种危机；

感谢某人不计利益地在工作上帮助你；

赞赏某人刚获奖励或晋升高职；

鼓励你的下属，因为他刚取得某项不易获得的成绩（作品获大奖、成为公众关注人物、精通了在国际商业交易要使用的一个外语等）；

帮助某个人把工作做得更好；

当然，刚到新岗位，作出成绩，刚被提升，也可以送礼。

（2）间隔适宜原则

送礼是一项感情投资，不是一次性完成的，往往是一系列的。因此，送礼的时间间隔很有讲究，过于频繁或间隔时间过长都不合适。长时间不给对方送礼，即使是亲朋好友，也难免会让对方觉得你人情淡漠。相反，如果你频频登门送礼，或许是因为你重情义，但礼尚往来，如果需要对方还礼的话，过于频繁会加重他的经济负担。所以，掌握好合适的时间送上你的礼品，既可培养感情，又能达到目的。

如果你登门过于频繁，不妨先电话问候，或用一种不出面的方式，比如网上购物，将小礼品直接送到他家，省力又时尚。

7. 如何挑选理想的礼物

长期以来，馈赠礼物时，有些人认为其价格越高越有意义，越能表达馈赠者的深情厚谊。其实不然，这样做是把馈赠的礼品商品化了，与馈赠相悖，往往弄巧成拙，让人怀疑馈赠者的动机。价格昂贵的礼品，不见得能表达真情实意，微薄的礼品不一定没有敬意。

那么，如何挑选理想的礼物呢？

招人喜欢的社交礼仪

（1）送情意

注重情意，是赠送礼品应遵循的首要原则：赠送的礼品是情意的载体而不仅是商品，商品的价值可以反映在价格上，而情意却是无价的。

唐朝有个封疆大臣，为向皇帝纳贡表忠，派遣了一个叫缅伯高的人去给皇帝送礼，礼物是一只天鹅。

缅伯高途经沔阳时，看到天鹅身上脏兮兮的，决定给它洗个澡。然而，他刚把天鹅放到沔阳湖中，一时不慎竟让天鹅飞了。

送给天子的贡品弄丢了，岂免得了杀头之罪？缅伯高拿着天鹅飞走时掉下的几根羽毛，吓得嚎啕大哭。

他越哭越伤心，悲痛欲绝中竟诌出一首打油诗："将要贡唐朝，山高路又遥。沔湖失天鹅，倒地哭号号。上复唐天子，可饶缅伯高。礼轻情意重，千里送鹅毛。"

后来，他真的把鹅毛呈献给皇上，皇上被他的真情感动了，不仅没有杀他，还拿酒肉款待了他。

这个故事或许是"千里送鹅毛，礼轻情意重"的最早出处了，至于后来苏轼在诗中写的"且同千里寄鹅毛，何用孜孜饮麋鹿"的名句，应是借用那个典故向秦观表明礼物虽轻，但情意深厚的挚友之心。

名贵的天鹅固然可以作为大臣向皇帝表白心迹的贡品，但在特定的条件下，一根鹅毛却更显送礼者的一片苦心。

缅伯高是一个很有生存智慧的人，与其说他献上鹅毛是出于对皇上的一片真情，更不如说他是巧妙地借用了礼品特殊的载意功能，为自己寻求到一条生存之路。最终，一根对皇帝毫无实用价值的鹅毛，竟成了情意的最佳依托物，感动了皇帝，也使自己免于一死。

"千里送鹅毛，礼轻情意重"，正是强调了礼品的情意性，淡化了礼品的功利性。总之，馈赠礼品的时候，首先要考虑礼品能否表达馈赠者的真情实感，绝不能把礼品庸俗化，当作交易的筹码。

许多礼品其实都是寻常之物：一片枫叶，能表达出送者对恋人真挚的感情；一粒红豆，能准确地表达出送者对情人的相思之意；一块石头，恰是地质队员送给亲朋好友的最佳礼品；一颗弹壳，也许是戍守边防的军人馈赠给别人的最高级礼品。正是这些寻常之物，寄托着恋人、朋友、亲人间的深情厚谊。

礼物的价值不一定以值多少钱来衡量，而是由礼物本身的意义来体现的。因此，选择礼物时要考虑到它的思想性、艺术性、趣味性、纪念性等多方面因素，力求别出心裁，不落俗套。

比如，为生病住院的朋友送去一束美丽的鲜花，定会使人心情愉悦，增强战胜疾病的信心；为远方同窗好友送去一张昔日相聚的照片，会唤起他对学生时代的美好回忆；为爱好文学的朋友送去一套他现在手头还没有的文学名著，会使他欣喜若狂、爱不释手；为心上人送去一条美丽的纱巾或漂亮的领带，会让对方感受到一份深深的情意……

（2）因人施礼

送礼要看对象。对象不同，则意味着年龄、辈分、民族、国籍等方面的不同，那么，挑选礼物一般要有区别。给辈分高的人要送去健康、送去尊敬等，给外国友人可赠送有民族特色的工艺品等。

不同性格、不同身份和品位的人，其生活需要是有差别、有距离的，所送礼品也要有所不同。一般来说，对于文化层次较高的、追求精神享受的，宜选择精美高雅的礼品，如名人字画、工艺美术精品及各种高档文化用品等；对于文化层次较低、偏重追求物质享受的人，宜选择一些比较新颖别致、精美时髦的日用消费品作为礼物，其中应以吃、穿、玩的礼品为主；对于一些生活比较困难，除了生存以外很少有其他享受要求的人，就不必去买那些他在生活中根本用不着的东西，他若缺什么就给他送什么，有时送些现金，效果也很好。

（3）投其所好

每一个人都有自己的习性和嗜好。比如，有些人有喝酒的嗜好，请这种人吃饭，不管桌上有多少山珍海味，只要桌上没有酒，他决不会高兴。相反，即使没有什么好菜，只要有几杯好酒，他就很高兴、很满意了。

挑选理想的礼物，也必须利用人的这一心理特点。你送去的礼物对方是否喜欢、满意，在很大程度上取决于对方的习性和嗜好。如果对方并不欣赏你的礼品，或者并不需要你送去的东西，这些东西对他来说可有可无，那么他就可能拒绝接受，即使接受了，也不会重视你的礼物。相反，如果你在选择礼品时，能投其所好，给对方送去他最喜欢、最需要的礼物，他就会乐意接受，并能留下深刻的印象。

8. 送礼的禁忌

送礼要送得双方都高兴可不是容易的事，因为送礼有许多禁忌，涉及个人的、传统的、民族的、宗教的、文化的，不一而足。有时候费心费力地选择了一件礼物，却因为触犯了某些禁忌，让对方不悦甚至生气。

禁忌，就是因某种原因（尤其是文化因素）而对某些事物所产生的顾忌。禁忌的产生大致有两个方面的原因。一是纯粹由受赠对象个人原因所造成的禁忌。二是由于风俗习惯、宗教信仰、文化背景以及职业道德等原因形成的公共禁忌，就更不能忽视。

（1）私忌礼品

有些是由于受赠对象在某些方面的自尊和不足造成的禁忌。例如，向一位从来忌恨烟酒的长辈赠送烟酒，向一位刚刚中年丧妻的男士赠送情侣表、情侣帽、情侣眼镜，给有残疾的人送引起遗憾的东西，都会令对方不快。

（2）公共禁忌

在我国，一般不能把钟、表为礼物送给上了年纪的人，因为"钟"与"终"谐音，不吉利；友人之间忌讳送"伞"，因为"伞"与"散"谐音。

美国人以绿毛龟为宠物；而在中国人看来，这样的礼物是对他们的天大侮辱。

意大利人忌讳送手帕，因为手帕是亲人离别时用来擦眼泪的不祥之物。

在法国，男士向女士赠送香水，有过分亲热和"不轨企图"之嫌。而送刀、剑、刀叉、餐具之类的物品，则意味着双方会割断关系。

法国人不送、也不接受有明显广告标记的礼品，而喜欢有文学价值和美学内蕴的礼品。

向妇女赠送内衣，这在欧美国家的风俗中是很失礼的，一般也不送香皂。

13这个数目在欧美国家更是送礼时应当避开的。

日本人忌讳绿色，认为绿色不祥，忌荷花图案，忌4和9。

茉莉花和梅花不要送给香港商人，因为"茉莉"与"没利"谐音，"梅花"的"梅"与倒霉的"霉"同音。

（3）因公赠礼的禁忌

一般来说，在国内、国际正式社交活动中，因公赠礼时，不允许选择以下几类物品作为正式赠予交往对象的礼品：一是现金、信用卡、有价证券；二是价格过于昂贵的奢侈品；三是烟、酒等不合时尚、不利于健康的物品；四是易使异性产生误解的物品；五是触犯受赠对象个人禁忌的物品。

9. 好礼还需巧包装

在新技术、新产品日新月异的今天，具有良好的包装效果才能打动人心，礼品包装也一样，众多的礼品中，要想使自己独树一帜，设计礼品的包装也是很重要的部分。量体裁衣，同样，包装礼品也应根据礼品来设计。

（1）礼品包装应突出礼品

如果不是很郑重或不是为了营造神秘的话，包装应突出礼品，而不能喧宾夺主，使礼品在精美包装前黯然失色，显得"名不符实"。也不能"一流礼品，二流包装，三流效果"。采用有礼品标志的包装，能够使受礼者直接了解礼品，并对其产生好感，如一些专卖店，所售产品的包装会有此品牌的标志。

（2）满足送礼者的期望值

成功的包装不仅使礼品增色，也会满足送礼者的期望值。像珠宝首饰、著名的工艺品，包装要精美、华贵、富于艺术价值，能有效地突出商品昂贵的价值，给受礼者甚至送礼者以某种需要的满足。

（3）力求新颖，富于艺术魅力

我国的包装装潢美术设计总体有两大类：一种是民族传统风格，如龙凤呈祥，仕女宫灯，敦煌飞天，彩俑古鼎，山水寺庙，福禄喜寿，给人以古朴、典雅的美感；另一种是现代艺术风格，如抽象的图案，不规则线条，超现实主义等，溶入了现代画、西洋画的技法，为包装装潢增添了新意。

无论选择哪种包装手段，都要力求新颖，富于艺术魅力。

给研究民族文化的人赠送礼物，应该在包装上突出民族特色。对古文化有研究的人，面对浓郁的民族风情更会引起共鸣，通过礼品甚至通过包装会使双方更好沟通、交流。

如果赠送给外国朋友，就更应在包装上突出民族特色。对于外国人士来说，中国文明与文化对他们有着强大的吸引力。有位著名的服装设计家曾说过，最有民族性的服装，也最具有国际性。一样礼品，一纸包装可以向其介绍一方文化。试想，以充满西方色彩的包装赠送，他们司空见惯，也就索然无味了。最通行的礼品包装还是最具有民族特色的。

1989年，中国获得"世界之星"荣誉奖的"金酒"，其包装就具有浓厚的中国传统特色。酒瓶用咖啡色陶泥注浆烧制而成，正中雕出我国古代的小钱币，钱币四方刻出酒名，再从瓶头悬挂红色丝穗带，显出一种高雅气质。

酒瓶装入一个湘西土家以织锦手法编织的袋子，袋上以黑黄两色印有同样的古钱图案，最外面用竹条编织的框盒包装，既安全，又显露出里面的土家织锦袋，视觉效果非常强烈。这个设计，挖掘了我国传统工艺与材料相结合的美感。

我国具有悠久的历史，传闻轶事、神话寓言灿若星河，这些都为礼品包装提供了大量素材。目前市场上出售的茶叶、酒类、瓷器、土特产品以及纺织品，大多采用样式别致、携带方便、格调朴实、富有浓郁的民族乡土风味的包装。如果有绘画、雕刻技艺的话，不妨小试牛刀一次，手雕、手绘的效果相信一定甚佳，也显示出你对受礼者的一片诚意。

采用现代包装技术，配以相应的色彩、图案和装饰，富于立体感、动感，图案的夸张、变形能引起人的新奇感和好奇心；鲜明的色彩多变、夺目，能够吸引人的注意力，这些对于不同的礼品也会达到很好的效果，尤其受礼者是标新立异的人。

（4）选择好包装材料

选择包装材料也同设计一样，因礼品而异。

包装是用来盛装礼品的，所以首先包装不能有损于礼品，用污染、刺激等材料包装礼品，不但会损毁礼品，也会直接危及到受礼者的健康与安全，所以包装的材料、造型和结构要合理。

如果要经过长途运输或携带，还要考虑礼品包装须牢固、耐磨、耐压甚至防水等，以免长时间的消耗使包装面目全非，并影响到礼品本身。包装的长、宽、高和结构要便于携带。

礼品的包装要不妨碍它的使用，包装中尽量不改变礼品的原结构,采用金属、陶瓷、塑料包装等要易开启，并且如果经过一段时间以后才送出礼品，要注意保质问题，尤其是食品，不能因包装原因使其变质。

特别需要注意的是，采用任何形式包装都不要破坏原产品的有关说明、简介。

10. 送给同学的友谊

同学在一起学习和生活的过程中，容易形成相同的志趣和性情，进而发展成友情。这种友谊随着时光的流逝，会变得越来越深厚。

毕业了，大家都要各分东西，献给彼此的，除了惋惜、留恋、悲伤、泪水，还有别具一格、表达这种情感的礼物！

对于同学，送礼物的目的只有一个，那就是表达你们之间的友谊。

送同学的礼物往往能表达你的志趣，将你的好感、善意、友谊传达给对方，此时，礼物进一步拉近了你们之间的距离。

同学之间送礼不宜过多过重，应选择那些高雅而又花钱不多的精神文化类礼品。

同学之间送的礼物要具有纪念意义，想想看，在成长的过程中，有多少值得纪念的事情？你第一次拿到奖学金，同学送的礼物值得留念；生病了，父母不在身边，同学送来的磁带和书籍值得珍藏；大学时代那位男生送来的一只音乐盒，保留着人生最初的朦胧恋情……

第六章

通信礼仪

1. 打电话的礼仪细节

使用电话的最大问题，就是对方只能从两条线索对你产生印象——你的态度与声音。你相信吗？通话者可由电话中判断出你今天是否愉快、是否睡眠充足，甚至当时的你是否坐得很端正。

现在马上改变姿势：挺起腰杆坐直，肌肉拉直，做个深呼吸，并微笑地重复一次"你好"，听起来不是极为轻松、有朝气吗？对方通过电话已能感受到你积极的态度了。

（1）接听电话的标准姿势

下面提供一些接听电话的礼仪准则，相信对你会有所帮助。

①坐直，深呼吸，微笑。美国数据公司曾经用"微笑的声音"来做广告，但现在这种声音已经很少听到了。不要觉得打电话时微笑是件愚蠢的事——当你微笑时，声音听起来会完全不一样。只要你自己刻意反复练习几次以后，便会习惯成自然了。世上再也没有比和一个带着真诚微笑的人谈话更愉快的事了。

②除非你是在开车或走路，否则最好在你打电话之前准备好一小张纸和笔。以便你在接听电话时记下谈话要点或传达给其他单位。当对方开始说话时就随手记录。

③电话响第三声前接听，很快接听电话会让打电话的人觉得你很重视他的时间，而且不希望让他久等。当你手边正在忙其他事情时，请你记住一点，打电话的人没有

办法知道你正在做什么，他们只知道电话没人接听，迅速接听电话可以为你公司及你自己建立起良好的声誉。

④立刻告知对方自己的身份。直接告诉对方自己的身份就不会让人猜疑，并可节省时间。如果对方没有告诉你他的姓名，而你告知你是谁时，可以减少敌对气氛。

⑤语调应谦恭有礼、友善、专业、热心而柔和。电话礼节的守则其实和商业礼节是一样的：使用好礼貌用语，发出好听的声音，尊敬、善待每一个人，并且思考你所说的话。在电话中与人交谈就如同在办公室谈话一般。

⑥专心。不要边吃东西或喝饮料边听电话，甚至批评经过身边的人。如果你真的必须分神来顾及其他事情，应向通话者解释并请他们稍候，并按"电话保留"。千万不要用手握住听筒，因为这种举动不但粗鲁，而且对方一样会听到。

⑦必要时才转电话。转电话前必须先问清楚对方的需求并解释原因。转电话是处理电话应对最微妙的环节。如果有人打电话来，电话一转再转，马上就会转掉他对贵公司的好感。如果你能当场处理就立即解决，千万不要告诉打电话的人说这不是你的工作。

⑧如果必须空出电话线，则须向对方解释并尽速回电。当有电话进来而你必须保留线上的电话去接听时，请向第一个通话者道歉并让他知道你会马上回来："是否可以请您稍候一会儿？我必须接听另一个电话。"通常应该优先处理先进来的电话，除非第二个电话非常紧急且需要你亲自处理。当你回电时，不要忘了感谢对方耐心的等候。

⑨对别人讲的话必须有反应。就算你只是说"是的""我了解""我同意"，最少会让对方觉得电话那头的人还听着电话。

⑩尽量减少其他声音，虽然这端收音机的声音不会困扰你，但对电话另一端

的人可能是相当大的干扰。

⑪愉快地结束交谈。等打电话进来的人先挂上电话，以便确定他确实已经讲完了。

（2）打电话的礼节

"煲电话粥"是许多女生的最爱，用她们自己的话来说就是她们的"业余活动"之一。其实，无论是喜爱讲电话的女生，还是只在"万不得已"时才打电话的人，电话已经无可争议地成为了现代人的主要通讯工具之一。和亲朋话家常、和同学谈学习、和爱人讲情话、和上司报告工作……电话几乎成了我们生命中不可缺少的东西。以前常常有人研究人这一生要花多少时间在吃饭、睡觉、走路、工作上，现在恐怕也要研究一下，人一生打电话到底会用去多少时间，也许研究结果会使你我都大吃一惊。

既然电话的地位如此重要，关于打电话的一些礼节我们就必须要熟知。

王齐是一家文化公司的部门经理，每天的工作十分繁忙，下班回到家中就不愿意再考虑工作上的事情。王齐无奈地说："回到家，就想休息，不愿接电话。"公司的员工也知道他的脾气，除非有十分紧急的情况，晚上10点钟以后从不给他打电话。

其实，无论是像王齐这样忙碌的公司经理，还是一般的工薪族，在他人的休息时间内，如早晨的7点钟之前和晚上的10点钟以后，以及午休时间都尽量不要打电话，以免打扰他人正常的休息。

有些人的脾气比较急躁，反映在打电话上面就是只要电话一接通，就变得急不可耐，如果不巧对方在过了较长时间才接电话，这些人就会不由自主地"火冒三丈"，冲着电话的一端"狂吼"。这些都是不礼貌的举动，我们在接通电话后，要耐心等待，待铃响六七声后还无人接听再挂断。否则，若等对方急忙接起电话后，电话已经挂断，既耽误了正事，也比较失礼。当然，更不能由于对方没有及时接听电话而"火冒三丈"。

我们也经常会遇到一些拨错电话的人，拨错了不要紧，令人无法忍受的是，有些打错电话的人常常喜欢"刨根问底"，一味地追问对方是哪里。正确的做法是：当得知自己打错电话后，要主动地报出自己所要联系的号码，请对方核对，如果证实自己确实有误，应当道歉说自己拨错号码了，再挂断电话。

通话之后,要向对方道一声"你好",然后再进入正题,不要一开口便讲自己的事情,让人"摸不着头脑"。通话结束后,同样要礼貌地道声"再见""谢谢"。

(3)接电话的礼节

一般要在电话响三声之内接起,尤其是在商务活动中,是否能及时地接听电话,不仅体现出个人的素养,更是关系到企业工作效率和形象的大事,不可忽视。如果没能及时地接听电话,要向对方说声"抱歉""让您久等"之类的话语。

在接工作电话时,首先要"自报家门"。如:"您好!广浩咨询公司!"这样即使对方打错了电话,也省去了许多麻烦。在接电话时,最忌讳的是自己什么也不说,一味地追问对方的姓名、职业等,就像查户口似的,是十分不礼貌的做法。

想必每个人遇到"喂,找谁,不在"然后挂断电话的情况时,心里都会十分不悦。我们在接电话的时候态度要亲切,语气不能生硬。要认真倾听对方的话,礼貌地给予回应,可以适度地重复对方的话语,这样可以使对方觉得自己受到了重视,谈话也会愉快地进行下去。

关于到底应该谁先挂断电话,其实没有什么好疑惑的。一般都是由打电话的一方先挂断。如果是接电话一方先挂断电话,会让对方觉得接听者急不可耐或是不愿意接听他的电话。当然,还有一个通行的原则,就是地位高者先挂,或长辈先挂,这表示我们对地位高者或对长辈的尊重。

有理有节地接打电话,会使双方都心情愉悦,相信这样通话的效率会很高,也将是一次愉快的"电话之旅"。

2. 礼貌使用手机

你知道"手机礼仪"吗？最近澳大利亚电讯发布了一项新的研究成果，即研究人们使用手机的态度，同时还在全球提倡更好的"手机礼仪"。研究发现，大部分人都认为手机使用者越来越旁若无人了，吵闹的铃声现在已经成为最烦人的噪声。

这项研究的对象既有手机使用者，又有非手机使用者。其中，62%的被调查者认为在过去的几年中，手机使用者越来越少地顾及社交礼仪了，其中非手机使用者的反应则更强烈，比例达77%。

从对300人的调查中，澳大利亚电讯发现人们主要对下列手机的使用行为不满意：一是打手机时声音过大；二是在餐馆使用手机；三是在其他不合时宜的时候使用手机；四是在谈话中接听手机。

曾几何时，手机对于我们大部分人来说，还是一个"奢侈品"。而近些年来，就连还在读书上学的青少年朋友也使用手机，"手机礼仪"这个新名词也被人们常常提起。

第六章
通信礼仪

随着手机的日益普及，无论是在社交场所还是工作场合放肆地使用手机，都已成为社交礼仪的最大威胁。能否恰当地使用手机，已经成为衡量一个人是否有良好教养的重要指标之一。

自由与约束是相对的，并不相互排斥，没有约束便没有了所谓的自由。在手机使用的过程中，也应该自觉遵守一些礼貌约束，这样才能既便于自己使用，又不妨碍他人的生活。

礼貌使用手机之接听电话

手机响了，要在第一时间尽快接起，切忌磨磨蹭蹭，把铃音拖成噪音。这样做不仅影响了拨打你电话的人，而且也影响到了你周围的人。

如果正在与人谈话的时候，手机突然响起，这时一定要向对方说声："对不起，我先接个电话。"这是对别人的一种尊重。

有风度地对待打错电话的人。虽然打错电话可能浪费你几角钱，但也不要非常蛮横甚至讲粗话。即使有人连续两次打错你的电话，也应该先查清楚是不是对方将号码记错或者你的号码被盗用，而不要在还没有问清楚之前就粗暴对待。

礼貌使用手机之切记关机

开会请关机。开会的时候如果开机，势必会影响到注意力。如果真的有重要的事情需要开机，也应该调到振动模式，以免手机铃声影响整个会议的进行。

看电影、听音乐会请关机。在电影院里，总有一些人喜欢开着手机。于是，电影院里的铃声也常常是此起彼伏，遥相呼应，实在令人心烦。当别人在集中精力进行一项工作或者欣赏一个事物的时候，千万不要让我们的手机干扰别人。

到医院、乘飞机请关机。手机的信号会干扰到机场、医院的一些仪器，人命关天，非同儿戏，为了我们自己和他人的安全，我们要慎之又慎。

演讲、典礼仪式上请关机。这体现了对别人劳动成果的尊重。

在图书馆内请关机。图书馆内不仅是不适宜铃响的地方，更是不适宜说话的场所。要求安静的公共场所，如果我们的手机响个不停，想必会遭到他人的白眼。在自习室和教室内也有同样的要求，这是我们青少年应该自觉遵守的。

招人喜欢的 社交礼仪

礼貌使用手机之待机状态

开机后要把手机随身携带，人跑远了，手机在桌子上响个不停，吵得大家不知如何是好。

把手机放在能随手拿到的地方，不要手机响了，翻箱倒柜也找不到，等找到了，对方也已经挂断了。

自己的手机自己接听。不要让家人、朋友当接线员，更不要无事生非去接别人的手机，除非是别人交待过需要你帮忙接听的。

不要用手机偷拍

现在，手机已不再是简单的通话工具，手机的功能也随着科技的发展不断完善。照相可以说是手机最为普遍的一种功能。也正因为如此，我们身边常常会发生"手机偷拍事件"，相信无论偷拍者出于什么目的，在未经他人允许的情况下，偷拍都是不道德的行为。

我们在用手机拍照或者摄影时，应该征得对方的同意，不要在车厢、剧院、餐馆等地方用手机对着别人拍照。如果对方允许你拍照，也不能未经对方同意将对方的照片转发给其他人欣赏，甚至传到网络上传播。

"手机礼仪"需要我们人人注意，在方便我们自己的同时，不要把我们的快乐建立在他人的痛苦之上。

3. 使用手机铃声的礼仪

曾几何时，是否拥有一部手机还是人们身份的象征，现如今，手机已经是人们"日常生活的必备"了，很多青少年朋友也拥有了属于自己的手机。手机的使用，无疑使我们的生活更加便利，同时也在悄悄改变着我们的生活。

近些年来，手机的款式不仅丰富多样，手机铃声也一改单调乏味的音调。手机铃声不仅可以反映一个人的生活状态,同时也让我们的生活变得"悦耳动听"。但是,手机铃声的使用并不能"由着我们的性子来",手机铃声的使用也有许多礼仪。

个性化铃声的使用还要分场合

现在有很多人,尤其是追求时尚、始终走在时尚前列的年轻人,为了能彰显自己独特的个性和与众不同的品位,不仅在穿衣打扮上下了很大功夫出奇出新,就连选择的手机铃声也会"出其不意",用流行歌曲做铃声也不再是什么稀罕事,许多青少年朋友追求的是更有个性的铃声。于是,在校园里、商场内、大街上,我们常常能听到一些"怪怪"的声音。当你听到这些声音时千万不要大惊小怪,那只不过是手机铃声罢了!

当然,个性化铃声为生活增添了色彩,我们选择它无可非议,但是过于个性化的铃声应注意使用场合。"现在班里很多同学都有手机,手机铃声也是千奇百怪,每个人的都不一样。"还在上高二的小莹对花样繁多的手机铃声颇有感触,"有些同学的铃声听起来总叫人觉得不舒服。"原来,班里有些同学选用的手机铃声是"爸爸,来电话了!""妈妈,来电话了!"这样的铃声平常听着无伤大雅,但是在一些正式严肃的场合,就"难登大雅之堂"了。

因此,青少年朋友选择个性铃声要注意所处的场合,悦耳动听的铃声在彰显个性的同时,也需适应所在的场合气氛。

招人喜欢的社交礼仪

对不文明的铃声说"不"

相比起流行歌曲、狗叫声等悦耳逗趣的铃声，下面的这些铃声不仅不能带给我们美感，反而会让我们心生厌烦。如"有话快说，有屁快放"，不知道拨打这个手机的人，如果听到这样的铃声会做何感想，恐怕是很难笑得出来吧！还有一种铃声是"鬼子进村了"，大家都知道，当年侵华日军对中国犯下了不可饶恕的罪行，用这种铃声恐怕就不仅仅是不文明这么简单了，对于每一个中国人来说都是一种伤害，实在是不可取。

铃声不能"骗你没商量"

关于铃声骗人的例子有很多，下面发生的就是一件令人啼笑皆非的事：一位巡警在经过一辆豪华旅游车时，突然听到一阵急迫的呼救声："抓贼呀，抓贼呀，抓偷手机的贼！"于是巡警急忙将这辆旅游车拦住，可上车一看，根本没有偷手机的贼，乘客们全都在呼呼大睡。忽然，"抓贼呀……"的"喊声"再次响起。巡警循声找去，原来这"呼救声"是从一名熟睡的乘客手机里传出来的。可想而知，如果这样的铃声到处都是的话，那我们的公众秩序一定大乱。

铃声要和身份相匹配

如果说，个性化的铃声与年轻人的身份比较匹配，那么长者或者有一定身份的人也要选择与自己身份相匹配的铃声，过于个性化的铃声恐怕就不合适了。试想一下，如果一位身份颇高的领导，用"喜唰唰"做铃声，会出现什么样的效果呢？虽然并没有什么不文明的嫌疑，但是"喜唰唰"欢快激烈的旋律再加上"花儿乐队"的"倾情演绎"，恐怕会让周围的听众"欲笑而不敢笑"吧！这就好比是穿衣，20岁的小姑娘穿上超短裙是一种美，50岁的女士穿上超短裙就一定会成为笑柄。

铃声音量不能太大

无论是座机还是手机铃声，都不能调得过大。有些人的铃声简直就像是"午夜凶铃"，在大家埋头干活时突然刺耳地响起，会让人心跳都会加快。在医院、图书馆等场所，过大的铃声无疑是一种公害。

　　青少年朋友在选择手机铃声时要注意礼仪，让动听悦耳的手机铃声伴随在我们的身边，对不文明的手机铃声也要大声地说"不"。

4. 打电话的注意事项

　　电话是现代化的通信工具，可以及时传递信息，沟通情况，交流感情。

　　许多人天天用电话，但是如何使用电话，其中有许多礼仪。

　　在你给别人拨打电话的时候，为了显得有礼貌，避免引起对方的不快，要注意如下几点：

　　（1）注意语气、语调，内容简单明了

　　使用电话主要是利用言语来沟通，对方看不到你的姿态、动作和表情，只能通过你的言辞和语音来判断和理解。因此，就要求你注意语言使用的方式，特别是语调、语气与所表达的意思相协调。

　　使用电话，还应当注意说话简单明了，不可时间过长或话太多，影响他人的通话。

　　打电话之前，先整理好资料，这样可以使你的谈话更加精练，并且能给人以井然有序的印象。

　　如果你要同对方谈话的内容很长，先问问对方是否方便。如问："您现在忙不忙？""要五分钟才能讲完，您介意吗？"对方回答是肯定的："请讲。""我不忙。"则可以与对方正式交谈。若对方回答："对不起，刚好没有时间。"应该另约一个时间打电话或以最快速度把要点说出并告诉他："我们以后再详谈。"

　　（2）打电话时，对对方要有礼貌

　　开始先问好，通话结束后要道谢。如果对方是你的长者，或是你的上级，通话结束后，应当待对方挂断以后，你再挂机。

如果是给不相识的人打电话,一般应先做自我介绍,说清打电话联系的意图。

如果你要找的人不在,也要有所表示,或者请对方帮助招呼一下,或者请对方转告,都应表示感谢。

如果你拨错了号码,应当主动向对方道歉。如果是对方拨错了号码,你也要有礼貌说明,不要只说一句"打错了"就挂上。

(3)有礼貌地回应"过滤"电话的人

你可能有多次无法直接和对方本人通话的经验,但不要觉得沮丧,每个人都曾有过这种经验。此时先向接电话的人解释你的来意,如果事情紧急也可告诉他。大部分的秘书或助理具有高度判断力来处理这种情况,且会对你有很大帮助。因此,当别人在"过滤"你的电话时,尽量友善诚实地作答,不愿意留话是不好的,也不要说"没关系,我再打来"就挂上电话。同样的,也不应该询问答话者的姓名,"你是谁啊?"如果你真的想知道对方是谁,试着换一种热诚的方式:"我是李娟娟,我可以请教你的名字吗?"

(4)打电话时也应全神贯注

接听电话时,你应该停下手上的其他事情。若是电话铃响起时你正和别人谈话,你拿起听筒前,就应停下眼前的谈话,别手拎着话筒,继续未完的谈话,让电话那端的对方"旁听"。你应该让通话对方感觉到,你自始至终都在聚精会神地与他对话,而不是哼哼哈哈地应付他。

打电话时,请不要忙着喝水、喝咖啡或吃什么东西,以免对方听到你这边"动听"的吞咽或咀嚼声。最好也不要同时吸烟,因为你的"长吁短叹"会让对方搞不清楚是因为听了他的某句话,抑或是你的一口烟引起的。总之,一切令对方觉得你心不在焉的事情,都请不要去做。

当你接听电话时，请别让你左右的同事插进来跟你说话，也不要把一些并不紧急的文件拿在面前稀里哗啦地翻。否则，对方会揣摩着，你是否正不耐烦，把他的电话当成了干扰你正常工作的"骚扰电话"。

对你的客户来说，最糟糕的经历莫过于打电话到你的公司时，被你的同事当作陌生人对待。在与你的合作中，他或许已感受到自己在你工作中的重要地位；可和你同事接触后，他会以为你的公司根本没把他放在眼里，前面的好印象也随之大打折扣。

尤其是当你的电话机或工作岗位周围有临时工或新来的同事时，你更得注意"安全系数"。因为有些时候，他从你的新同事那里听到的是"一问三不知"式的答复，或是连珠炮式的反问："您找××先生啊？××先生知道您是谁吗？噢，您是他最大的客户。您能再说一遍您的名字吗？不行，我不知道怎样才能找到××先生。我也不清楚您讲的这笔业务。我只是个助理。要么您下周再打电话来吧，那时××先生会在公司了。但请别在周一打来，好像他一整天都要开会的。星期二他会去参加交易会，恐怕不行。我不能保证他一定给您回电话，我不知道他别的日程安排。要不，您在暑假过后再试试联系他吧。对了，您叫什么来着？"

知识链接

互联网

互联网（英语：Internet），又称网际网络，或音译因特网（Internet）、英特网。互联网始于1969年美国的阿帕网，是网络与网络之间所串连成的庞大网络，这些网络以一组通用的协议相连，形成逻辑上的单一巨大国际网络。这种将计算机网络互相连接在一起的方法可称作"网络互联"，在这基础上发展出覆盖全世界的全球性互联网络称互联网，即是互相连接在一起的网络结构。然而互联网并不等同于万维网，万维网只是基于超文本相互链接而组成的全球性系统，只是互联网所能提供的服务之一。

5. 网络世界的礼仪

用"忽如一夜春风来，千树万树梨花开"来形容互联网的发展再合适不过了。电脑早已成了我们学习、工作、生活的重要工具，上网写邮件、浏览信息、聊天、下载、写博客……也成为我们日常生活的一部分，与我们的生活密不可分了。

在浩浩荡荡的网络大军中，青少年朋友是先锋部队、主力军团。相信网络对每一个生活在城市中的青少年来说都是再熟悉不过的。但是，谈到网络礼仪想必就不是每一个人都清楚的了。

在互联网上人与人之间的交流，由于各种因素，对方未必能完全正确地理解我们所要表达的意思，这样就很容易陷入"言者无意，听者有心"的困境。所以，我们必须更加注意自己的言谈举止，注意网络礼仪。

让自己在网上留个好印象

因为网络的匿名性质，如同"雾里看花"，别人无法直观来判断，所以你的言语就成为别人对你的唯一判断参考。如果你对某个方面不是很熟悉，最好先找几本书看看再开口，不懂装懂到处"灌水"，只会成为不受欢迎的人而遭到"封杀"。同样地，发帖以前要仔细检查语法和用词，不要故意挑衅和使用脏话。

记住人的存在，网上网下行为一致

互联网给来自五湖四海的人们提供了一个交流的空间，这是高科技的优点，但往往我们在面对电脑屏幕的时候很容易忘记我们是在跟其他人打交道，我们的行为也因此容易变得更粗俗和无礼。青少年朋友要记住，有些话如果你当面不会说，那么在网络上也不要轻易地说出口，尤其是那些粗俗的话。现实生活中，有法律条款来约束我们的行为，而在虚拟的网络世界里，法律法规并不是很完善。

但是，青少年朋友要明白网上的道德和法律与现实生活是相同的，不要以为在互联网上就可以降低自己的道德标准，做一些不"道德"的事。

入乡随俗

以时下很流行的论坛为例，即使是在同一个网站里，不同的论坛也有不同的规则。在一个论坛可以做的事情在另一个论坛可能不宜做。比如在聊天室里发布传言、开玩笑，可能没有人会当真，但在一个新闻论坛中散布传言，结果很可能是不同的，会有很多网友信以为真。因此，我们最好先"潜一会儿水"再发言，这样就可以知道论坛里的气氛和可以接受的行为。

平心静气地争论

网络上的争论可以说是一场"没有硝烟的战争"，虽然我们看不到对方的样子，但从那些针锋相对、火药味十足的文字上就可以想象到双方争执的激烈程度。

笑笑今年初中三年级，同很多处于这个年龄段的少男少女一样，笑笑也有非常喜欢的明星，也痴迷网络。闲暇的时候笑笑总喜欢到自己最中意的歌星论坛里浏览一下。上个月笑笑就在网络上经历了一次激烈的网友"口水大战"。事情的起因始于一个谁是歌坛天王的争论，本来这是一个无关紧要的帖子，每个人都有自己喜欢的歌手，不论谁是歌坛天王都是无所谓的事情。可偏偏就是这个帖子引发了大家激烈的争论。"刚开始大家还只是发表各自对偶像的支持性言论，"笑笑回

忆道，"但是没过多久双方的歌迷就开始相互谩骂，侮辱对方支持的歌星。这些明星是最无辜的了，他们要是看了这些言论，真不知有何感想？"

网络上争论是正常的现象，但是我们要以理服人，不要人身攻击，说一些带有侮辱性的话语。

宽　容

我们都曾经是新手，都有犯错误的时候。当看到别人写错字、用错词，问一个幼稚问题时，我们不应嘲笑对方。如果想给他建议，最好用电子邮件私下提议，毕竟人都是爱面子的。

随着网络的进一步发展，相关的法律会逐步完善，网络礼仪也应"与时俱进"。青少年朋友在享受网络带给我们快乐的同时，也要注意这些网络礼仪，让我们无论在现实生活中还是在虚拟的网络世界里都是一个懂得礼仪并受欢迎的人。

第七章

交往礼仪

招人喜欢的 社交礼仪

1. 适当的社会交往对青少年的成长有益

社交艺术是一门很重要的学问，人际交往是适应环境、适应生活、适应社会，形成完美个性的必要途径。对正处于青少年时期的孩子来说，进行适当的社会交往尤为必要，具有重要的意义。具体说来，适当的交往至少有以下几大好处：

（1）获得信息的功能

一个人从书本上获得的知识毕竟是有限的,通过社交建立良好的人际关系后，人就能通过各种方式迅速获得信息。一个人的学识中的很大一部分是从社会交往中学到的，通过交流，双方拥有的知识、信息得以共享，交往的双方互通有无，使双方的知识面都得到扩展，信息得以增值。因为知识的交流不同于彼此间财富的交换，它能够增值。例如：双方相互交换一条信息，每人就会拥有两条，而信息、知识都是无价之宝。现代人尤其需要拥有知识信息。一个足不出户、与人老死不相往来的人，将成为一个闭耳塞听、孤陋寡闻的人。因而不应该忽视人际交往这一渠道。

（2）自知和知人的功能

人的自我意识并不是自然而然形成的，而是通过交往，在与别人的互动中逐步成熟起来的。首先，人是以他人为镜，在与别人的比较中认识自己的，一个人如果孤独冷漠，缺乏交往，那他对自己的认识就缺乏"参照系"，也就失去了衡量自己的尺子和照鉴自己的镜子。

人际交往，能够使我们从别人的个性中找到与自己的相似之处，发现别人身上的好的或是不好的东西；其次，还可以通过他人对自己的评价和态度，以及自己与他人的关系来认识自己的形象。良好的人际交往有助于认识自我，了解他人。一个人要想对自己有正确的认识，就有必要借助交往，通过与别人接触、比较等方式去获得。自身拥有的一些优势或劣势，只有通过跟别人比较才能显示出来。

如果没有认识自己的参照物,人也就很难有自知之明。同时,我们要想了解别人,也必须通过与别人接触,才可能洞察各种各样的人的心理、品格、为人,进而达到知人的目的。

（3）社会化的功能

人际交往是个人社会化的起点,对于广大青少年来说,更重要的是同伴之间的交往,它对我们产生的影响更大。在与同伴交往的过程中,我们会发现自己的某些言行举止是同伴所喜欢的,这种喜欢作为一种奖励会增加这些言行举止出现的频率;而有些言行举止是同伴所不喜欢的,这样就会减少这些言行举止出现的频率。在这个过程中,我们就会有意无意地调整自己的行为。在与同伴交往的过程中,青少年能够逐步学到社会生活所必需的知识、技能、态度、伦理道德规范等,逐步摆脱以自我为中心的倾向,意识到集体和社会的存在,意识到自我在社会中的地位和责任,学会与人平等相处和竞争,养成遵守法律和道德规范的习惯,从而为自立于社会,取得社会认可,成为一个成熟的、社会化的人打下坚实的基础。

（4）自我表现的功能

良好的人际交往有利于自己在更广大的范围内表现自己。我们都希望别人了解自己,理解、信任自己。要使这一美好的愿望成为现实,就必须与人交往,才可能让人家了解我们,才可能有更多的人赏识我们,我们才能获得更多发展的机遇。只有扩大交际范围,才能在更大的范围内表现自己。人际交往给自己提供了自我表现的可能性,也为人的才能得到发挥、抱负得以施展提供了可能。

(5) 人际协调的功能

人际交往是人类在改造自然的过程中通力协作的产物，作为一个现代人，要想取得事业的成功，就要学会善于与人合作，要能组织、协调各种力量，调动各方面的智慧。

(6) 建立和谐人际关系的功能

人际交往圈的扩大为寻找志同道合的朋友提供了更多的机会，这也会为我们创造更多的有利条件。"多一个朋友多一条路"，是有一定的道理的。

(7) 身心保健的功能

当我们心中充满忧郁，感到孤独时，与别人的交往诉说，会使我们那失衡的心理恢复平衡，满足归属、合群的需要，使我们的忧愁、恐惧、困惑通过与朋友、同学的交流而分担、解除，使心理压力得以减轻。而心理压力的预防、消除又有助于身体的健康。青少年作为一个社会成员，有着强烈的合群需要，通过相互交往，诉说个人的喜怒哀乐，就会引起彼此之间的情感共鸣，从而在心理上产生一种归属感和安全感。在生活中我们不难发现，那些交际范围较大的人，往往在精神上很是丰富，身心也就更健康些；反之，那些不合群的孤僻的人，往往有更多的烦恼和难以排遣的忧愁，同时也就会有更多的身心健康问题。

可见，作为现代青少年，不仅要学好书本知识，而且要高度重视人际交往，认识到它的意义，养成主动与人交往的习惯，积极地与各种各样的人接触，去经风雨见世面，培养好自己的交际、协调能力，积累必要的经验，以便将来更顺利地适应社会、驾驭人生。

2. 摆脱社交恐惧心理

心理学家指出，社交恐惧是因为心理发育不成熟和性格的偏移所致。有社交恐惧的人在人际交往中心存恐惧，说话结巴，面红耳赤，语无伦次，甚至浑身抽

第七章
交往礼仪

搐。有这种症状的人会无形中疏离了群体，把自己隐藏起来，从而变得忧郁、苦闷、自责甚至自卑。

我们可能患有一种非生理性的疾病，一种并非打几针就会好的疾病。当我们在参加某个集会时，总喜欢独自一人躲在角落里，不引人注意。突然，按会议安排我们该发言了，全场的目光转向我们。我们顿时耳热心跳、掌心冒汗，就像一种病毒悄悄潜入我们的体内。我们百般推辞，可大家盛情难却，全场都热情地鼓掌来催促我们。我们勉强开口、结结巴巴、词不达意，甚至语无伦次，而平时的满腹经纶全都无用武之地。于是，为了避免出现尴尬的局面，下一次的集会我们就不敢出席了，而在大家面前一开口就觉得紧张万分。慢慢地，我们给自己建立了一个恐惧的自我挫败的形象，随之而来就是根本不愿意参加社交活动了。

心理医生指出，"社交恐惧症"的表现形式是多种多样的。患有社交恐惧症的人的共同特点是：心理发育不成熟和性格偏移——极端的孤僻、多疑、羞怯和敏感。一般地说，人们初次进行社交时大都有轻微的恐惧心理。

如果一个人不注意及时有意识地克服这种社交恐惧，就像其他条件反射一样，以后再遇到类似情景，就不由自主地害怕起来。等到自己明白不该如此压制恐惧时，病已形成。压制的失败反过来又加强了心理紧张，于是陷入了恐惧和焦虑的恶性循环之中，越恐惧越不愿意参加社交活动，结果恐惧心理更被强化，最后形成顽固的社交恐惧症。性格上患有这种社交恐惧症的人，会不自觉地在自己与社会和群体之间掘了一道心理鸿沟，阻碍了正常的社交来往，影响自己的心理健康，同时也把自己锁进了一个自我封闭的小匣子里。一个人社交能力如何，是现代社会衡量一个人能力大小的标准之一。我们要增强社交能力，扩大社会交往，就必须要克服社交恐惧心理。

一个人如果缺乏自信，就会夸大与人交往中的困难和失败。"缺乏自信型"的人在交往中缺乏自信，对结果缺乏勇气面对，失去争取成功的信心，不敢正视现实，想象的是更多的困难和失败，因而没有与人交往的勇气和信心。

美国作家罗杰在一本书中写道："生命如同玩扑克牌。有时我们坐庄，有时别人坐庄，这其中包含了许多牌技与运气。有时我们拿的牌不好却赢了，有时，我们拿副好牌却输了。但无论如何，我们必须持续不断地洗牌。"很显然，在这个世界上许许多多的人为了避免遭受输牌所带来的厄运，就干脆连牌也不洗了，许多人成为举手投足谨慎小心的"安全专家",为自己设立了许多无形的禁区,习惯于走自己那条毫无颠簸的生活道路,对任何看不到明确结果的事都不愿意尝试。他们胆小怕事,因为他们从不相信自己的力量。

几乎所有缺乏自信的人都有相同的生活模式:他们只看同一类的杂志或电影,从不改变自己的服装样式,拒绝听取不同的意见,总是躲在同一群朋友中间;不玩从未玩过的游戏,见到陌生人就举止失措;与异性谈话会突然脸红;时间观念刻板,离开预订的计划就感到茫然;无论干什么事,只要失败了就拼命诅咒自己……缺乏自信的人无一例外地拥有一颗过分夸张的自尊心和虚荣心,他们的生活中尤其需要鲜花、掌声和喝彩,但问题在于他们就是得不到。

缺乏自信的人将一事无成,日子过得不舒服,因为生活从来就不是摇篮,它不会用许诺去哄骗孩子,更不会滥施怜悯、锄强扶弱。

如果我们唯唯诺诺,毫无自信,优柔寡断,丧失远大志向,不敢超越环境和自我,那么我们的生活必定黯淡无光。越是希望奇迹来拯救自己的人,越是不会创造奇迹;生活中美好的事物历来只和敢于正视现实、迎接挑战、战胜危机的人结伴同行。

产生社交恐惧心理的原因,大部分是出于某种顾虑,是由于缺乏相应的知识、社交技能和经验,而产生的对自己的不信任。诸如怕遇到难题回答不上来,出"洋相";怕说话不得体,伤害了别人或有损自身形象;怕交往中失礼,被人笑话看不起;怕应付不了对方的交际手腕,使自己吃亏;怕出现僵局,下不了台;怕在异性面前言行不当,引起对方的误会或旁人的误解。这种种的"怕"对于缺乏社交经验的人造成恐惧心理是很自然的。

社交恐惧是一种社会心理障碍,性格上患有这种病症的人必须以心理和社会疗法为主,首先在稳定的情绪下做好心理准备,认清自己存在心理障碍,不要轻信主观感受,不要浪费时间去揣测别人对自己的态度,做出错误的臆测结论。

其次,要注意扩大自己的知识面,这样在和各种不同类型的人交往时,就不会因知识过分狭窄而受窘。提高文化素质,有意识地阅读一些有关社交知识的书籍,了解和掌握一些社交活动的起码礼仪和基本要求。

此外,还要学会正确地评价自己,增强自信心。因为自我贬低往往会无形地影响我们的自信心,使不真实的过低自我评价潜化为心理上的真实,造成交往中的自卑心理。在讲话中老是担心讲错和不被他人重视。要克服这个卑怯心理，就要有意识地强化自己的自信心，有意识地寻找和发现自己的优势方面。甚至我们可以这样想：既然你们让我上台来讲，愿意听我讲话，就说明你们认为我的讲话是必要的，也有一定的价值。我们可以设想自己正像教师对学生讲课一样，他们正在听取我们的见解。

性格上患有社交恐惧症的青少年，最好参加一些交际性强的群体活动，沙龙、俱乐部、社会集会等都包括在内。就像微粒原子在反应堆里相互碰撞，产生质变一样，既然我们害怕单独与陌生人或异性接触，那么不妨来个集体约会。大家结伴外出，既有熟识的老朋友，也有互不相识的陌生人。这样在互相认识和接触中，压力感不强，便于改变旧的生活模式，使每个人都感到轻松和愉快。参加这种集体约会的人大多是想度过一个轻松愉快的周末或假日，没有人会为自己在社交场所中表现不佳而窘迫，会使我们减少和不熟悉的朋友初次见面的紧张和不安。慢慢地就会发现，我们终于抛掉了社交恐惧这顶"黑帽子"。

3. 既要保持自尊，又要尊重别人

一个人生活在社会上，总要和许许多多的人发生关系，有些关系是直接的，有些是间接的；有些是密切的，有些是一般的；有些是长期的，有些是短暂的。比如一个学生，除了和父母、亲友有关系，在学校与老师、同学有关系；走在路上，与同行的人有关系；乘车时，与司机售票员和其他乘客有关系；到了商店，与售货员及其他顾客有关系；到剧场看演出，与其他观众及演员有关系……在这些复杂的关系中，能做到恭敬待人，的确是一种高尚的美德。

强调自尊，有自爱、自重之意，一般人都很容易接受。有一点要说及的是，要划清自尊心和虚荣心的界限。我们要有自尊心，但不能有虚荣心。自尊心与虚荣心，有着很明显的不同：当受到别人批评的时候，自尊心强的人，决心改正错

招人喜欢的社交礼仪

误，不让别人再次批评；虚荣心强的人，不接受批评，或者文过饰非，或者对批评者耿耿于怀。在成绩、荣誉面前，自尊心强的人，总是把成绩归于别人，把荣誉归于集体；虚荣心强的人，则把成绩记自己的账上，争名夺利。

一般说来，人们的"自尊"有余，"尊人"不足。这种"自尊"就不好了。因为这本身就不是自尊的表现。"尊人"本身体现了自尊。只有尊重别人，别人才能尊重我们。谁都想得到别人的尊重，而要使别人尊重自己，最根本的办法是尊重别人。

在待人处世方面，一般人所奉行的原则往往是："你敬我一尺，我还你一丈"。很难设想，一个不尊重别人的人，能够处处得到别人的尊重。即使有不和我们一般见识的人，我们不尊重人家，人家尊重我们，我们难道不当之有愧吗？倘若依然如故，"有再一、再二，没有再三"，到头来人们就会认为我们是一个不值得尊重的人。

尊重人们的意见，不轻易否定别人的意见，不把自己的观点强加于人，也不盲目地随声附和；尊重别人的劳动，劳动是人的价值的重要标志之一，对别人劳动的不尊重，也就是对别人的不尊重；尊重别人的正当权利，不过多干涉人们的私事；尊重别人的人格，不能不负责任地传播有损于别人名誉的流言蜚语；不能拿别人的某些生理缺陷开玩笑，不能乱起外号等。

人不能不自尊，同时也不能不尊重别人，重要的是把这两者有机地统一起来，做到既自尊又尊重别人，人们之间互相尊重，这是搞好社会交往的基本前提。

恭敬待人，才能在交往中得到别人的尊重。马克思说："你希望别人怎样对待自己，你就应该怎样对待别人。"在现实生活中，凡是得到尊重的人，都是他们自觉地尊重别人的结果。反之，一个自以为自己比别人高明、唯我独尊的人，一个事事要别人迁就自己、服从自己的人，一个处处嘲笑别人、讽刺别人，甚至取笑别人生理缺陷的人，是没有可能得到别人尊重的。

不懂得尊重别人，也就不懂得尊重自己；只有尊重别人，才能得到别人对自己的尊重。因此，青少年一定要注重培养自己恭敬待人的素养。

4. 养成与人主动交往的习惯

我们大家都希望自己有很多朋友。那么怎样才能养成与人主动交往的习惯，获得更多的朋友呢？以下是交朋友的几条有效方法。

（1）对别人真诚地表示关注

最有效的结交朋友的窍门是对别人真心诚意地感兴趣。如果我们老是在别人面前表现自己，只想别人对我们感兴趣，我们将永远不会有许多真诚的朋友。如果是真心对别人感兴趣，两个月内我们就能比一个光要别人对他感兴趣的人两年内所交的朋友还要多。

努力学会为别人效力，做那些不惜花时间、精力和诚心诚意为别人设想的事情，这样才能获得真正的朋友。

（2）给人以真心的微笑

微笑所表示的是：我喜欢你，很高兴见到你，使我快乐的是你……不过，这必须是一种真正的、发自内心的、令人感到温暖而又愉快的笑容。那种不真诚的微笑是骗不了任何人的。

（3）记住别人的名字

记住人家的名字，而且很熟悉地叫出来，等于给别人一个巧妙而有效的赞美。

因为大多数人对自己的名字比对世界上所有的名字加起来还要感兴趣。

如果有一天我们把人家的名字忘掉了，我们也很快会被人家遗忘。所以，有必要花一点时间，重复、无声地把别人的名字记在自己心中。

（4）做一个好的倾听者

一个跟我们谈话的人，对他自己的需求、自己的问题，要比对我们的需求和问题感兴趣千百倍。专心诚意地听别人讲话，正意味着我们能给予他以最大的赞美。这种赞美是暗示性的，也是那些希望向我们倾吐心曲的人们所迫切需要的。

知识链接

华盛顿

乔治·华盛顿（1732—1799），美国杰出的资产阶级政治家、军事家、革命家，美国开国元勋、国父、首任总统。

华盛顿被尊称为"美国国父"，又称"合众国之父"，人们将他和亚伯拉罕·林肯、富兰克林·罗斯福并列为美国历史上最伟大的总统。乔治·华盛顿被美国的权威期刊《大西洋月刊》评为影响美国的100位人物之一。

5. 养成恭敬待人的习惯

人生活在世界上，总要和他人进行交往，在交往中重视他人是相当重要的。重视他人，会给人以力量。

有一句格言说："轻视他人的结果，往往是别人对你的轻视。"同样，重视他人的结果，则往往是别人对我们的重视。

1754年，已是上校的华盛顿率领部下驻防亚历山大市。当时正值弗吉尼亚州议会选举议员。有一位名叫威廉·佩恩的人反对华盛顿支持的一个候选人。据

第七章 交往礼仪

广为流传的一个故事说，华盛顿就选举问题与佩恩展开了一次激烈的争论，争论中说出一些极不入耳的话。佩恩火冒三丈，出拳将华盛顿击倒在地。可是，当华盛顿的战士急忙赶来欲为长官报仇时，他却阻止了，并说服大家平静地退回了营地。

第二天上午，华盛顿托人带给佩恩一张便条，请他尽快到当地一家酒馆会面。佩恩来到酒店，料想必有一场恶斗。出乎他的意料，他看到的不是手枪而是酒杯。华盛顿站起身来，笑容可掬，伸出手来迎接他，"佩恩先生，"他说，"人谁能无过，知错而改方为俊杰。昨天确实是我不对。你已采取行动挽回了面子，如果你觉得那已足够，那么，就请握住我的手吧，让我们来做朋友。"这件事就这样皆大欢喜地和解了。从此以后，佩恩就成了华盛顿的一个热心的崇拜者。

为了真正做到重视他人，养成恭敬待人的习惯，青少年应从以下几个方面做起：

（1）要尊重他人的人格

不管人的地位怎样，身份如何，在人格上都是平等的，不存在贵贱尊卑之分。尊重他人的人格，就是维护他人的尊严。尊重他人的人格，要做到不伤害他人的自尊心，不伤害他人的感情，不讲污辱性的话，对他人的不幸不应幸灾乐祸。

（2）要尊重他人的民族习惯

我国是个多民族的国家，在960万平方公里的辽阔国土上，居住着56个民族。除汉族外，少数民族有1.2亿人。各民族在饮食、衣着、风俗习惯等方面都有各自不同的特点，所以，应该互相尊重民族习惯，维护各民族的团结。

（3）要设身处地地为人着想

世界上没有两个完全相同个性的人。个性，主要指人的性格、兴趣、爱好等。人们的个性是很不相同的，这就使人们在交往中，不可能

招人喜欢的社交礼仪

不出现各种各样的矛盾。而且，由于人们的文化程度、身体素质、经济条件等方面的不同，每个人也就免不了会有各种各样的困难。

因此，在交往中，要学会做到理解人、宽容人、同情人。也就是说，要体谅别人的难处，照顾别人的困难，设身处地为别人着想。

如果我们能做到以上几个方面，恭敬待人，就会给我们周围的同学、朋友以极大的鼓舞和力量，拥有良好的人际关系，在生活中获得别人的巨大支持。

6. 不要打听别人的隐私

每个人都有属于自己的小天地，在这里有只属于我们自己的秘密，这是一块神圣的地方，不容他人侵犯，即使是最亲近的父母和"死党"。

现代社会对个人生活隐私的保护日益重视。同学之间更要注意相互尊重，一些属于个人的隐私问题不要打听，也不要以为相互之间是无话不谈的"死党"，就必须没有秘密。

我们周围总有一些同学喜欢打听别人的事情，殊不知有些同学由于特殊原因，对于自己的家庭情况、身体状况等个人信息是讳莫如深的。所以，青少年朋友应该注意同学间相处的一个最基本的礼仪，就是不要相互打听、传播他人的隐私，以免给他人带来不快，给自己带来麻烦。

同学们都知道，在学校每年要做一次体检，这是对学校、对家长、对我们身体的负责，可以及时检查出身体上存在的问题，应该说是有百利而无一害的事情，可是，总有些同学不愿意参加体检，一听到要做体检就害怕、犯难。原来，体检中有些项目要求我们脱去一些衣服，虽然都是同性又是同学，可是大家还是难免会觉得尴尬，感觉自己的隐私都暴露在他人面前，尤其是对于那些身体上有某些缺陷的同学，体检就像是一道难以逾越的关卡，真是有说不出的痛苦。为此，不少体检部门为了进一步保护学生的隐私，出台了相关方案。有些学校为学生提供了个别检查、单间检查、预约检查的服务。一位高三学生觉得这样的新规定非常人性化，"比起三年前的初中毕业体检，感觉轻松多了"。

一个小小的体检尚且如此，可见隐私对于我们每一个人的重要性。

隐私的概念是什么，范畴又是什么？正因为许多青少年朋友对这些概念并不十分明确，才会出现这么多"包打听""小喇叭"。

初中生王海对此深有体会："我不十分清楚隐私都包括什么，但有时我不太愿意把家里的电话告诉别人，一些同学就觉得我小气，其实这应该是个人的自由。"

还在读高三的聂斌也有很多话说："一次我得了重病，在家休息了好长时间。回到学校后，很多同学都追问我到底得了什么病，让我觉得心里不太舒服。毕竟有些问题是难言之隐，我真的不想让更多的人知道。"

实际上，王海和聂斌遇到的情况是一个见仁见智的问题，有些同学可能觉得同学之间相互留下电话没有什么不妥；同学询问病情也是出于关心，并无他意。可是，毕竟人与人是不同的，想法也会有所差异，我们不能把自己的意志强加在他人身上，要相互尊重，我们有询问的权利，对方也有拒绝回答的权利。可是，这样的情况如果多次发生，是有损同学间的感情的。

在校园中，同学之间的相处是非常密切的，涉及隐私的地方不可避免。目前还没有一条成文的规定来限定隐私的范畴，该用何种具体的文明方式尊重他人的隐私，这个礼仪问题需要我们自己去体会、去学习、去建立，其实只要我们在说话、行动之前多考虑一下他人的感受，尊重他人，就会避免这种尴尬情况的发生。

一些同学因为年龄和阅历的关系喜欢问长问短，虽然没有恶意，但在无意中可能涉及到他人的隐私，从而招致反感。也有同学把自己了解到的有关其他人的重要信息随意传播，给他人带来不必要的麻烦。因此，学会适当收起对他人的"好奇心"，约束自己的言行，才能加深同学间的友谊。

招人喜欢的**社交礼仪**

下面这些基本的礼仪是青少年朋友应该掌握的,对同学、朋友间的相处也大有帮助:

应该彼此尊重,即使关系亲密,也不应随意打探对方的家庭情况;同学的物品不随意使用,别人托付的物品应妥当保管;同学的手机、电脑存有重要的个人信息,未经允许不得使用;在使用中不随便查看其他内容,用后及时归还主人;同学生病应该给予适当的问候,不要打探对方的具体病情、病因……

7. "唯我独尊"行不通

青少年朋友在学校里常常会遇见这样一类人,他们走在校园里总是"昂首挺胸",从不主动和老师同学打招呼;他们特立独行,从不听取别人的建议;他们自我感觉良好,自认为是天之骄子,所以傲视群雄……他们就是我们所说的"唯我独尊"、从不把他人放在眼里的人。

换句话说,他们的这种心理其实是一种以自我为中心的心理障碍,问题在于自我意识过强,为人处世总是以自己的需要和兴趣为中心,只关心自己的利益得失,盲目地坚持自己的意见,顽固不化。

在初二(3)班的56个同学中,小志学习成绩算得上名列前茅,尤其是数学成绩颇为突出,获过很多奖项。可就是这样一个"数学天才",身边却没有一个亲密的朋友,总是形单影只,独来独往。小志出身于一个高干家庭,家境良好,父母也十分宠爱这个儿子,小志想要的东西总是会得到,从小就没有人会违背他的意愿,久而久之,小志的性格也变得孤傲,不可一世。在学校里,小志从来不和同学主动打招呼,集体活动也很少参加,大扫除时更是见不到他的影子,对请教他问题的同学也是能躲则躲。时间一长,同学们也不愿和他打交道,小志从此被排斥在外了。

以自我为中心的人很少去关心他人,不顾及他人的感受,当他有求于人的时候总是"临时抱佛脚",一旦不求人时,则对人没有丝毫的热情。人际交往要遵循人际互动的原则,讲求"人人为我,我为人人","唯我独尊"的人必然会被人冷落,到那时就只能"顾影自怜"了。

"地球村"的概念一经提出,便得到了广泛的认可,这意味着我们的社会已经变得越来越密不可分,单凭一个人的力量不可能做成大事,只有很好地融入社会,才能取得成功。

相信没有人愿意成为人际交往世界里的"弃儿",想改变"唯我独尊"的状态,关键在于改变对自身的认识:

首先,我们必须正视客观现实,学会礼尚往来,出现矛盾时可以作些适当的让步,不能只顾自己而忽视他人。

其次,要从"以自我为中心"的圈子里跳出来,设身处地地为他人着想,学会理解、尊重、关心他人,只有这样才能获得回报,从而实现自己的人生价值。

第三,要加强自我修养,充分地认识以自我为中心的危害,学会控制自己的言行。

让我们跳出"唯我独尊"的圈子,融入温暖的社会大家庭,与同学、朋友"打成一片",享受生活的美好与乐趣。

8. 与父母相处的礼仪

如果说世界上谁是最伟大的人,或许每个人都会有各自的答案;如果说谁是世界上最无私的人,相信我们大部分人的答案会出奇地一致,那就是我们的父母。

谈到与父母相处的礼仪,可能大部分人首先想到的就是要孝敬父母。没错,这也是我们作为儿女必须做到的。

(1)孝敬父母

孔子的一位学生曾经问他:"老师,您经常讲孝敬父母,是不是指在衣食住

行方面供养父母,并且经常让他们高兴?"孔子摇头答道:"不是。如果说供养和宽慰父母就是孝敬,那我问你:忠实的仆人为主人劳作、讨主人欢心,是不是也是孝敬?"孝敬父母,不仅要在物质方面为父母做些力所能及的事情,更重要的也常常被我们忽略的是一种发自内心的关心,这是子女对父母最质朴、最真挚的感情。

(2)理解父母、尊重父母

如果说人的"第一次诞生"是离开母体,来到世界上,那么"第二次诞生"便是离开父母的监护,成为独立的自己。这是青春期的断乳阶段,孩子彻底地切断了个人与父母在心理上联系的"脐带",走向成人。习惯了依赖和被保护的孩子们,身上仍然带着父母教养方式的烙印,父母也往往出于担心而未能对孩子完全放手。这样处于断与不断之间,便产生了很多孩子与父母相处的矛盾。产生家庭矛盾的原因是多方面的,大部分是由于孩子与父母在看待问题上的差距造成的,这也就是所谓的"代沟"。

即使我们的学历再高,挣的钱再多,也不要因此看不起自己的父母。他们能做到的我们可能永远做不到,而我们的所有成就都属于他们。当然,我们不一定所有事情都要听从父母的,但必须尊重他们。

其实,父母并不像我们想象中那么蛮不讲理。我们必须了解他们作为父母的心理:看着自己的孩子慢慢长大,最后却要挣脱自己的保护,心里肯定充满了不舍和担忧。但孩子却往往是"初生牛犊不怕虎",冲劲儿十足,这样便容易产生矛盾。这种情况下,用我们的坦诚去换取父母的理解与信任是最明智的。向父母提出合理的要求,并说明原因,留给他们一个可以发表他们看法的机会。

(3)关心父母

父母有时也需要孩子去疼爱他们。现在很多朋友的父母都已上了年纪,有的甚至已经退休,很多时候他们还要面临儿女不在身边的现实。这时候,他们的心情也是复杂的,可能是失落,也可能是孤寂。这时候,如果儿女身在远方,时常捎回家的一声问候、一张小卡片将是他们最大的快乐与欣慰。或许他们会为儿女的一封信高兴几天，甚至与亲友奔走相告，但在儿女面前却说没时间就甭写信了；给他们买个生日蛋糕，他们口中可能埋怨儿女浪费，实际上心中却幸福得不得了。父母，有时候比你还像小孩子！你的一些很小的心意都会让他们为之骄傲、兴奋。不必苦心经营，只是举手之劳，何乐而不为？

当然，生活不会总是风平浪静的。如果与父母之间发生了冲突又该怎么办呢？

首先，应分析一下究竟是谁对谁错。如果真是父母的问题，就应该诚恳地向他们解释清楚。我们毕竟已经长大，可以拥有自己独立的观点，但千万不要怨恨父母。倘若是自己错了，就诚恳地认错。无论哪种情况，打破僵局的都应该是你，因为父母永远是你的长辈，对他们尊重是作为子女最应该做的。

此外，还有一个问题就是有时候不妨听一听父母的劝告。很多时候我们发现自己草率的决定只是一种年轻的冲动，往往缺乏周全的考虑，事后再说"早知听爸爸妈妈的了"也没用了。父母毕竟有丰富的处世经验，他们看待问题更加全面、客观。这些，只有等我们经历了才能明白。

"家家有本难念的经"，家庭关系，永远如此复杂，烦透了的时候我们可以找些全家人的照片看看或者翻翻一些童年的珍藏品，心里一定又会重新充满温情和信心。

9. 与老人相处的礼仪

每个人都有老去的时候，也许只有到那时我们才能真正明白老人的心理。其实，老人有些时候比孩子更需要关心，他们容易感到孤独，也容易赌气。人们常说的"老小孩"，就是形容老人其实在某些地方和孩子是很相似的。

"老吾老以及人之老，幼吾幼以及人之幼。"关爱老人、关爱儿童是我们中华民族的优良传统。在与老人相处时，我们应该注意：

（1）尊重老人

俗话说"家有一老是块宝"。比起年轻人，老人经历更加丰富，在某些问题上也比我们看得更加透彻，可以给我们许多很中肯的意见。我们有些人认为老人年纪大了，脑子也自然会不太好使，尤其是时代发展变化这么快，老人的思想观念可能已经落伍了。不可否认，这些都是客观存在的事实。即便如此，我们可以不采用老人的意见，但是，有一点是我们这些晚辈必须做到的，那就是尊重。

《我爱我家》中的爷爷，退休前是一个机关干部，长期的机关工作让爷爷形成了一种热心、闲不住、好管事、爱发号施令的性格。于是，我们在电视中常常看到这个可爱的爷爷长篇大论地给家人作报告，用处理工作的方法管理家庭，也因此闹出了不少笑话。可是，家里的每个人虽然对爷爷的某些做法不能认同，但大家还是"耐着性子"听爷爷作报告，给予了他足够的尊重。这样的家庭虽然不时地闹些小矛盾，可是不论父母、孩子还是老人都快乐地生活在一起，是一个幸福美满的大家庭，这也许就是《我爱我家》想要表达的真正含义吧！

上了年纪的人，常常由于生理机能上的衰老而产生心理上的自卑感。他们有些人害怕承认自己老了，更怕别人看不起自己，说自己"老了，不中用了"，自尊心也会变得更加强烈。对于老人心理上的这些变化，作为晚辈的我们不能漠视，更不能反感，在自己的能力范围内要尽量满足老人的合理要求。遇到重要的大事，要和老人商量，合理的意见要采纳；老人犯了错误，不能像管教孩子那样训斥老人；遇到意见不统一的时候，不要顶撞老人。给予老人充分的尊重，会让老人心情愉快，安享晚年。

（2）关爱老人

生老病死是人生的必然规律，人随着年纪的增长，各项生理机能会随之衰退，健康状况也会亮起红灯。作为晚辈的我们，要关心老人的健康状况，必要时要照顾老人的饮食起居。

同身体上的疾病一样，老人心理上的"疾病"也需要我们随时关注。"孤独""寂寞"是危害老年人心理健康的"杀手"。近些年来,"空巢老人"的逐渐增多,也使这一问题成为了一个普遍存在的社会现象。子女身在外地,甚至是定居国外,只留下老人"独守空房",即便身体健康,可是"寂寞""孤独"还是会如影相随。长此以往,就会危害老人的身体健康。孝敬老人,在很大程度上要求我们给予老人足够的精神关怀,让他们的晚年生活充满阳光。

有一则公益广告讲的就是一个老人满怀欣喜地准备晚餐,等待孩子们回家看她。可是,老人却接二连三地接到孩子们的电话,找出"加班""健身"等种种理由不回家,老人对着一屋子的高档电器,却更加孤独。

不要把"常回家看看"当成一句空话,要落到实处,经常回家陪陪辛劳了一辈子的爸妈,尽我们做子女的孝道。

(3)体谅老人

老年人有一个通病,就是喜欢唠叨,喜欢回忆往事。晚辈们听多了这些唠叨,难免会心生怨言,有时候甚至会出言顶撞。冲突过后,老人的伤心程度也许是我们难以体会的。

实际上,体谅老人并不是很难,只要我们遇事少说一句,多一些耐心,就足以让老人感到满足。

焦波的《咱爸咱妈》让很多人看了以后泪流满面,我们的父母也许是平凡得不能再平凡的人,但他们却是最伟大的人,比起他们的恩情,我们做多少都显得那么微不足道。所以,让我们孝敬、尊重、关爱、体谅我们的长辈吧!

10. 问候老师的礼仪

尊师重教自古以来就是中华民族的传统美德,"善之本在教,教之本在师"。教师是知识、伦理道德、价值观念的传授者,在社会上承担着"传道、授业、解惑"的责任,理应受到尊重。而向老师问候是尊师最基本的体现。

招人喜欢的 社交礼仪

让我们来看看同学们见到老师以后都有什么表现吧！大多数同学都会主动向老师问好；也有一部分同学在看到老师迎面走来时，绕道而行，就像"老鼠见了猫"一般；还有同学一进校园就低着头溜边快走；更有甚者，有人在老师从他身边走过且主动叫到他的名字后，才不情愿地回一声"老师好"。同学们的表现真是千奇百怪，但是哪些是礼貌的举动，想必我们每个人心中都明镜一般，一清二楚。

包老师是一所高中的政教处老师，说到学生向老师打招呼的问题，包老师有很多话说：大多数学生能做到主动和老师打招呼；但很多学生只是和认识的老师打招呼，而遇到不教自己课的老师就不闻不问；还有的学生只挑自己喜欢的老师问好，不喜欢的老师就装作没看见。

"不是不想打招呼，只是有点儿怕老师。上周的物理考试我才考了60多分，我怕老师见了会问。"初二的小冬不好意思地说，"我觉得尊敬老师不一定要说出来，不向老师问好并不代表我不尊重老师。"另一个高一学生小允说："有时向老师问好，老师好像没听见，要不就点点头，好像也没有什么反应，问不问好都一样嘛！"

学生要尊重老师，这种尊重首先体现在礼节上的尊重，见到老师要有礼貌，能够做到主动热情打招呼，在每次上课前主动把讲台擦干净、课间把黑板擦干净等这些小事也能让老师体会到学生的尊重。尊重还包括与老师讲话时，语气温和，语调平稳，说话时不要指手画脚。要保持端正的身体，双目注视老师，认真听，不可东张西望，不可将手插在口袋里，或两条腿一颤一抖地晃动。这些看似简单的行为，体现了学生尊重老师的意识。如果青少年现在不能学会尊重他人，将来就不能融入社会，更得不到相应的尊重和认可。

尊师不仅体现在对老师有礼貌、帮老师拿东西等方面，还体现在对老师辛苦劳动的理解，并用优异的成绩来报答老师的辛勤工作。所以，不要小瞧一声亲切的问候，它可以化解老师一天的疲惫。

学生在校园内与老师相遇时，应主动向老师行礼问好。学生进老师的办公室或宿舍，应先敲门，经老师允许后方可进入。在老师的工作、生活场所，不能随便翻动老师的物品。学生对老师的相貌和衣着不应指指点点，要尊重老师的习惯和人格。

与老师交往时行为举止要恭敬，见到老师要鞠躬敬礼，同行时要让老师先行。

此外，敬师尊长的良好传统还体现在许多文明礼貌的称呼上，如把师长称为恩师、严师、良师等，把老师的话称为教导、教诲、训诫、赐教等。

在古代，老师是最受人尊重的人之一，就连统治天下的君王也十分尊重自己的老师。古人都能做到这样，作为一个拥有良好教养的现代人怎能不尊重传道授业解惑的老师呢？

11. 向老师提意见要讲分寸

每一个人的成长都离不开老师。在学习知识的过程中，我们都难免会因为这样那样的原因挑战权威、质疑老师。有人说，不会提出个人见解的学生多半不是好学生，可是老师毕竟是长者，即便他们在某一个环节上犯错误，作为学生也要尊重他们。作为学生，应选择合适的时机以恰当的方式向老师提出意见或建议。

老师几乎每天都要对学生的行为作出评价，帮助他们发扬优点，克服缺点，引导他们提高认识。作为学生，我们应当尊重老师。当然，对老师毕恭毕敬、唯唯诺诺未必就是尊师，向老师直抒己见、表达不同的观点未必就是不尊师。关键是怎样给老师提意见。其实，我们大多数的老师都可以接受学生给自己提意见。赵老师是学校新来的化学老师，他的一番话也许能代表许多老师的心声："学生应该允许老师犯错误，老师不是完美的，如果他有观点不正确或是误解了某个同学时，学生用正确、恰当的方式给老师提出来有助于老师的自我反省。但是，作为学生也应该在老师偶尔犯错的时候保持一份理解和宽容。向老师提意见语气要委婉，时机要适当。如果老师冤枉了你，当面和老师顶起来不但无助于问题的解决，还会由于时机不对而有可能激化矛盾。不管怎么说，老师是长者，学生应该照顾老师的自尊心和面子。"

对于很多在班级内发生的问题，如果老师不能了解实情，那么就难以找到正确的解决矛盾的途径和方法。

因此如果有意见，应该坦诚地告诉老师。此外，在提意见时，不要固持己见，要谦虚谨慎；不要强加于人，要客观表达自己的态度，同时给别人以保留不同观点的权利。不要用"我的意见是绝对没错的"类似的语气来跟老师讨论问题。

所以学生向老师提意见时，要注意语气和方式。否则，不但不利于问题的解决，而且还容易引起误解和反感。即使是很普通的朋友和同龄人，在给对方提意见的时候，也要考虑到是否会伤害到对方的自尊心。如果有意见要提，一定要注意用礼貌、商量、交换意见的口气进行。

不论在学习、工作，还是日常交往中，我们与人谈话都要注意选择合适的时机和场合。自然，给老师提意见和建议也是如此。如果在听讲时发现老师讲话有误或有不当之处，也最好不要马上发表意见，一是避免打断老师的思路，干扰教学进度，或者分散其他同学的注意力；二是不要当众让老师太难堪，这也是为人处世中一个基本的原则。

12. 同学之间莫攀比斗富

改革开放后，人们对财富的理解逐渐发生了变化，对金钱和奢华的过分追求成为一少部分人的生活目标。奢华风同样不可避免地刮进了校园，一些学生受社会风气的影响，和同学之间互相攀比：印名片买手机，甚至个别富家子弟出门坐宝马，手提LV，戴着钻戒进课堂，实与学生以学习为主的身份不相符。

近来，一些学生当中也开始流行互赠名片。虽然不可一概而论，但这多少反映了部分学生追求时尚的心理，不可避免地增加了家长的经济负担。有些同学还将父母的官职、家庭收入都印在了名片上，这种行为则是炫耀家庭的不良行为，也引起众多老师及家长的关注。

青少年朋友互赠名片，从根本上来说弊大于利。因为某些学生名片上显示的荣誉、财富都是属于父母的，不应该是学生拿来炫耀的资本。但这样简单的道理，有些学生还是不能理解。长此以往，会助长同学之间比父母、比家庭财富的不良风气，不但影响学习，还会影响同学团结和心理健康。另外，这些名片一旦落入不法分子的手中，很可能会严重威胁到自己以及家人的人身、财产安全。除非有特殊的活动，比如联谊会什么的，大部分时间里中小学生的活动范围都很小，所接触的人也只是熟悉的同学、老师而已，如果大家要加强联系，只要一本通讯录就足以解决问题，何必去印制名片？正在上初中的夏雨表示："在学校里炫耀的风气经常有，不仅仅是发名片，比如一些家庭好的同学买了新手机都要跟大家公布一下，生怕别人不知道。我觉得这种行为根本没必要，因为这不是自己的劳动所得，没什么可值得炫耀的。"

　　同学之间朝夕相处，暗中比较是难以避免的。我们应该从小树立正确的人生观，每个人先天的条件不是自己能力所创造的，不应该拿来攀比。比如自己的家庭条件好，总是把一些贵重的物品拿来向同学炫耀，类似的比较实际上是父母劳动结果的对比，跟自己的后天努力没有关系。这些行为虽然满足了一时的虚荣心，却难免伤害到其他同学。

　　攀比心理还反映出学生的独立自我的意识不强，同学之间可比较的应该是属于自身创造的价值，比的是个人的奋斗结果，例如学习成绩、创造能力、思维能力等，这些都是靠个体打造的，是每个人自身不断努力的见证和结果。这种比较不仅可以彼此激励，还可以培养学生的发展潜能。

　　教育家陶行知有一首著名的《自立歌》："滴自己的汗，吃自己的饭，自己的事自己干，靠人靠天靠祖上，不算是好汉。"这充分说明，学生的成绩应该靠自己的不断实践来提高，值得骄傲的资本应

招人喜欢的 社交礼仪

该是个体辛勤创造的结果。

同学间应该互敬互爱，不要向对方公开自己的家庭财富，父母的工作头衔、社会地位也不应成为炫耀的资本。个人财产应该妥当保管，一些贵重物品，如手机、高档电脑等如无特别需要不必带入校园。以免给同学造成故意炫耀之感。

某些学生的炫耀性消费也会给家庭条件较差的学生带来心理压力。买不起名牌的学生有的会选择购买假名牌。因此，校园里有些学生在倡导高消费和超前消费的同时，他们的虚荣心态和炫耀行为也造成了一种示范效应，这对很多学生都会产生一种外部压力，类似的行为应该杜绝。

下面这段《三字经·社交》道出了青少年朋友在日常社交中应注意的地方，虽然简单，却明白易懂，可以为那些在交往中迷失的同学敲响警钟：

寒窗中，应朴素，追奢侈，学业失。美少女，社交中，着淡妆，忌浓重。留指甲，不卫生，藏污垢，病丛生。高跟鞋，要慎重，跟过高，须放弃。

知识链接

陶行知

陶行知（1891—1946），安徽省歙县人，教育家、思想家，伟大的民主主义战士，爱国者，中国人民救国会和中国民主同盟的主要领导人之一。

1908年考入杭州广济医学堂。先后任南京高等师范学校、国立东南大学教授、教务主任等职。1926年发表了《中华教育改进社改造全国乡村教育宣言》。1929年圣约翰大学授予他荣誉科学博士学位，表彰他为中国教育改造事业作出的贡献。1931年主编《儿童科学丛书》。1935年，在中国共产党"八一宣言"的感召下积极投身抗日救亡运动。1945年当选中国民主同盟中央常委兼教育委员会主任委员，兼教育委员会主任委员。1946年7月25日，因长期劳累过度，不幸病逝于上海，享年55岁。

第八章
拜访和探视的礼仪

招人喜欢的社交礼仪

1. 走亲访友要讲礼节

走亲访友是我们日常生活的一个重要组成部分,经常拜访亲朋可以增进相互间的感情,在如今这个事事讲求效率、人情味逐渐变淡的社会里走亲访友就显得尤为重要。礼节在其中发挥的作用不言而喻,即使是对十分亲近的人,我们也要讲究一定的礼节,这是尊重对方的一种表现,也可以树立彬彬有礼的个人形象,这样的人不论走到哪里都是受欢迎的客人。

拜访亲朋要注意个人的仪表,一定要整洁。现代社会,个人形象越来越受到重视。在许多地方,女性外出一定要略施粉黛,这已经成为了一种基本的礼节。当然,有时我们拜访亲朋无须作过多修饰,但是仪表一定要整洁。

进门前一定要把鞋上的泥土擦掉,把外衣、雨具等随身携带的东西放在主人指定的地方,不要太拿自己不当外人。

下面,我们来看看娜娜这个访客是不是属于受欢迎的一类。

娜娜天性开朗、不拘小节,这为她赢得了很多的朋友。但是似乎许多朋友都不太愿意邀请娜娜到家里做客,这又是为什么呢?我们来看看娜娜是怎么做的吧。一天下雨,娜娜到好朋友小美的家里玩,还不等小美开口让她换鞋,娜娜已经迫不及待地"大踏步"走了进去,干净的地板上顿时留下了片片污迹。从娜娜进门的那一刻开始,小美家就遭了殃。娜娜是个闲不住的人,到处走走看看,想坐就坐,想吃就吃,真是应了一句话——"不拿自己当外人"。大家都是朋友,小美也不好说什么,只能暗暗叫苦,自己慢慢收拾了。

相信像娜娜这样的朋友是没有人愿意经常请她到自己家做客的。可见,在亲朋家里也要注意自己的仪表,讲究坐有坐相、站有站相,即使在最熟悉的朋友家里也有一个礼节的底线,像娜娜这样过于"不拿自己当外人"的人,恐怕就属于不受欢迎的访客了。

在亲朋家用餐也有很多讲究，作为客人，不可左顾右盼、急着用餐，吃饭的时候也不要挑食，切忌谈论饭菜的质量，以免伤及主人的一番好意。如果有长辈在场，应当请年长的亲友先入席，自己入席的时候也要向主人表示礼让。

如果你要留宿在朋友家，要注意主人的生活习惯，不要给人家带来不便。即使是十分亲近的朋友，未经主人允许也不能乱翻抽屉、橱柜，外出游玩要事先说明回来的时间，以便主人作一些安排。

这些仅仅是很微小的一部分，还有很多的礼节需要我们随机应变，只有这样，才会成为人见人爱的访客。

2. 合适的称呼很重要

如果你生活在一个庞大的家族，这里有你众多的亲朋好友，也许平时因为工作忙或距离远而难得相聚，可一旦这些亲朋聚在一起，你是否常常会为想不起一些亲朋的称呼而备感尴尬呢？类似这样的情形相信每个人都曾经遇到过，不一定是发生在亲友之间，有时在朋友圈中，也常常会忘记一些同学、朋友的名字或称呼。其实合适的称呼不仅能令对方觉得你是一个懂事、有礼貌的人，还可以避免出现尴尬。

按照惯例，成年男士不论年龄长幼都通称为先生；对身份颇高的已婚女士称呼夫人，而身份一般的已婚女士则称呼太太；对未婚的女士我们一般称呼小姐。但是"小姐"一词现在的境遇也颇为尴尬，由于众所周知的原因，许多年轻的女士不太喜欢别人称自己为"小姐"，这时我们可以称呼其女士。如果无法分辨对方是否结婚，为了保险起见，我们一般都通称为小姐或女士。

（1）亲属之间

关于亲属间的称呼问题，常常令我们头痛不已，尤其是远方的亲朋，有时候想搞清楚相互之间的亲属关系还真是一件困难的事。中华民族历来对亲属的称谓特别讲究，尤其在中国的古代，亲属之间的称呼绝对不能乱来。汉语中林林总总的称谓，让一些学汉语的外国人头晕眼花、一片混乱。英语中"sister"代表了姐姐和妹妹两个意思，同样，"brother"也是哥哥和弟弟的意思；而汉语中不仅姐妹、兄弟分得十分清楚，还有什么"表妹""堂姐"之类的词语，用来区分不同的亲属关系。至于什么"妯娌""连襟"等，则更是令人眼花缭乱，有时候连我们自己都分不清楚，何况是外国友人。

（2）职务称呼

职务称呼自古有之。杜甫又称为"杜工部"，因杜甫做过工部员外郎；诸葛亮则被人称为"诸葛丞相"，因为大家都知道他是三国时期刘备的军师、蜀国的丞相。因此，他二人都有一个"职务称呼"。到了现代，我们很多时候仍然沿用祖先的这种职务称呼，因为这样的职务称呼有一种对对方的赞美和尊敬的意味，如"李局长""王经理""张处长"等。

对于具有专业技术的人我们则常常称呼其技术职称或以职业相称，如"刘教授"、"钱医生"等。

（3）不合适的称谓

使用错误的称呼。主要原因在于粗心大意、用心不专。常见的错误称呼有两种：一是误读，一般表现为念错被称呼者的姓名；二是误会，主要指对被称呼者的年纪、辈分、婚否以及与其他人的关系作出了错误判断。比如，将未婚女子称为"夫人"，就属于误会。

使用过时的称呼。有些称呼具有一定的时效性，现已不宜采用。如在我国古代，对官员称为"老爷""大人"。若将它们全盘照搬进现代生活里来，就会显得滑稽可笑、不伦不类。

使用不通用的称呼。有些称呼具有一定的地域性，比如，北京人爱称人为"师傅"，山东人爱称人为"伙计"。但是，在南方人听来，"师傅"等于"出家人"，"伙计"肯定是"打工仔"。所以，称呼也要注意不同地方的不同习惯。

使用俗气的称呼。"哥们儿""姐们儿""磁器""死党""铁哥们儿"这一类的称呼在私下里用还可以，但是正式场合就显得有点儿俗气了。逢人便称"老板"，也显得不伦不类。

使用绰号作为称呼。对于关系一般者，切勿自作主张给对方起绰号，更不能随意以道听途说来的绰号去称呼对方。还要注意，不要拿别人的姓名乱开玩笑。

得体合适的称谓，除了要合乎常规，还要照顾到被称呼者的个人习惯。到了别的地方要入乡随俗，这不仅是友好、尊敬和与人为善的表现，同时也可以体现出一个人的文化修养和礼貌教养，马虎不得。

3. 做一个善解人意的拜访者

走亲访友，是最常见的交际方式。每逢节假日，到亲戚、好友、长辈家作例行拜访；或是有时到别人家中去请教问题，这类交际活动是经常发生的。这些活动虽然普通，但也需要我们处处讲究礼节，做一个善解人意的拜访者。

（1）事先通知

"突然袭击"式的拜访，不仅会使对方"措手不及"，而且如果恰巧碰上对方有事要外出，或是家中没有整理打扫，就会使双方都觉得尴尬。所以当我们产生了拜访亲友的想法时，应先与被拜访者约定具体日期，这有利于对方提早安排日程，否则可能造成唐突，令对方毫无准备而打乱其原定的生活秩序。

（2）拜访时机

选择适当的时间去拜访，一般不要在别人吃饭和休息的时间去拜访。如果是晚上拜访亲友，逗留的时间不宜太长，以免影响主人及其家人的休息。有些人常常喜欢"赖在别人家里不走"，用我们的话来说，就是不懂得察言观色，长时间占用他人的时间,也不管别人是否还有事要做,大有"主随客便"的气势,这是不合适的。

(3)注意仪表

拜访他人时穿戴要整齐,仪容要整洁,这是对对方的尊重和礼貌,同时也是对自己的尊重。

进门前要按门铃或轻轻叩门,待有回音或有人开门时才可以进入。即使对方家的门是敞开的,也不能乱闯一通,"不请自入"是十分失礼的事情。我们要站在门外打招呼,等有人应答后再入内。

如果拜访的人是长辈,要特别注意:主人未坐下时,自己不能先坐。如拜访的亲友很熟,则可以随便一些,也没有那么多的讲究。进屋后,对亲友家的其他成员要主动打招呼。如遇多人在座,经主人介绍后,要一一问好。

入座时,动作要轻稳,不可猛地一下子坐下,发出响声。入座后,手可平放在沙发上或沙发的扶手上,上身稍向前倾,以示对主人的尊敬。

交谈时,如有长辈在座,应该用心倾听长者的谈话,而不可随便插话。做客中,若主人家来了新的客人并有要紧的事商谈,这时应尽快告辞。

离开亲友家时,要郑重其事地告别。随便说一声"走了",便拍屁股夺门而出,会使主人觉得不舒服,不辞而别当然更不可取。

4. 家庭聚会时的礼仪细节

家庭聚会多用于招待亲朋好友,也可以作为现代社交活动的一种方式,用于招待尊贵的客人、合作伙伴、工作同事等。青少年朋友喜欢热闹,常常会和同学朋友聚会。麦当劳、肯德基是青少年朋友聚会不二的选择,好伦哥、必胜客也是我们聚会最频繁的场所。但是,青少年朋友有没有想过在自己家中办一个家庭聚会呢?它一定会带给你不同于在外聚会的别样味道,让你充分体验到做聚会主人

第八章
拜访和探视的礼仪

的全新感受。当然,在举办家庭聚会之前,你要做好充分的思想准备,因为真正的"考验"还在后面。在家中宴请同学好友,不同于在饭店由他人提供服务,家庭聚会需要我们事事亲历亲为,虽然比较辛苦,却充满亲切、温馨的生活气息。

（1）席前准备

谁是你家庭聚会的客人,要做到心中有数。聚会的时间要对主客双方都适合,定下时间以后,要提前通知你的客人,以便对方提早做好安排。

举行家庭聚会,首先我们要根据你所宴请的人数准备好足够的餐具,餐桌上的一切用品都要十分清洁卫生。桌布、餐巾都应是洗净熨平的,酒杯、筷子、碗碟等都要洗净擦亮。餐具应该是在客人入座前就摆好的。

如果你准备的是中餐,那么应备有水杯、酒杯、盘、碗、小碟、筷子等餐具,桌子上还应备有几份公用的筷子、勺子,以方便大家使用。

如果你准备了西餐,则要准备好酒杯、水杯、汤盘、刀、叉、汤匙等西餐用具。座位正面放汤盘,汤盘左边放叉,右边放刀（刀口向内）,汤盘上放汤匙,餐巾（或餐巾纸）折成花再插入水杯中或放在汤盘上,面包、奶油盘放在左上方。

相信你宴请的这些同学朋友应该没有主次之分,那么也不必"对号入座"。入席时,一句"请大家随便坐"就足以表示你没有安排席位,所有的客人都可以随便选择座位就坐。

通常情况下,在开始用餐前,作为聚会的主人,我们要说一些助兴的话。我们要围绕聚会的中心话题致辞,语言应简短、精练、亲切,有一定内涵,能为聚会的进行创造良好的气氛,切不可不着边际地乱说一通。

（2）用餐礼仪

关于用餐,有很多的讲究,就上菜的顺序来讲,就有许多需要我们注意的地方。上菜的顺序是:先上凉菜,再上热菜,然后上大菜（整鸡、整鱼等）,最后

招人喜欢的社交礼仪

上点心和汤。第一道菜上来，我们要先请主宾或长者品尝。当朋友们相互谦让，不肯下筷时，我们可站起来用公筷、公勺为客人分菜。分菜时，一要注意首先分给主宾或长者，然后按顺时针方向依次分下去；二要注意分菜的量，尽量差不了多少，避免有多有少、有好有差。当客人对某道菜表示婉谢时，应给予谅解，不要强人所难。

当一道菜端上桌时，我们可以简单介绍一下这道菜的特点。如果有人对某道菜表示出特别的兴趣时，我们还可以简单介绍一下这道菜的烹饪方法。在介绍的同时，应热情招呼大家动筷品尝。

在聚会中，我们应该时时注意与客人进行简短的交谈。每上一道菜，都要招呼大家下筷品尝。在吃海鲜或鸡这类菜肴时，主人可示意大家用手撕开吃。

在举办家庭聚会时，可先准备一些香巾，还要准备一些餐巾纸，当客人用手取食过海鲜等食物后，我们可递上餐巾纸和香巾让客人擦手。作为聚会的主人，要尽职尽责，偶有迟到的客人，我们要起身迎接、招呼。天气炎热时，我们可示意客人宽衣。聚会中，如有人不慎发生异常情况，如餐具掉落在地或打翻酒水，要沉着应付，一方面迅速收拾环境，另一方面要送上干净的餐具或酒杯。

举办家庭宴会，我们当然希望饭菜的质量能得到大家的认同，但这并不是我们聚会的主要目的。家庭聚会最主要的目的还在于增进我们与同学、朋友之间的了解和友情，所以对于青少年朋友来说，家庭聚会是我们展现自我的绝佳舞台，应当学会妥善安排，做到宾至如归。

5. 邀请朋友来家中做客的礼节

俗话说："有朋自远方来，不亦乐乎。"邀请朋友来家中做客，是件很开心的事情，怎样做才算得上是一个热情好客、礼数周到的主人呢？我们需要注意下面的一些问题：

（1）迎接客人

如果客人在约定时间到达，我们应提前到门口迎接，不要在房中静候。如果客人是突然登门拜访，我们也要热情相待。这时，如果你还没有整理房间，也不用慌张，向客人说声抱歉再适当收拾，但不要立即打扫，因为这样会有逐客之意，客人还以为自己是"不受欢迎的访客"。

（2）问候寒暄

见到客人，我们要热情地打招呼，如果客人手提重物，要主动帮忙，对于长者或体弱者要主动上前搀扶，引导他们进入客厅。进入室内要把最佳位置让给客人坐，如果客人是初次来访，应向其他家人或客人作介绍。这时我们要面带微笑，步履轻松，不能有疲惫心烦之相。

（3）敬烟、敬茶

一般情况下，如果来客是男士，一落座马上敬烟。敬烟忌用手直接取烟，应打开烟盒弹出几支递到客人面前，请客人自取，敬烟不能忘了把烟给客人点上。若主人也会吸，应先客后主。当然这些主要是针对一般情况，对于青少年朋友，不仅自己不要吸烟，最好也不要让来看你的朋友吸烟。泡茶时，首先要清洁茶具；斟茶时，每杯茶以斟杯高的 2/3 为宜，应双手捧上放在客人的右手上方。切勿用手指捏住杯口向客人敬茶，这样既不卫生，又不礼貌。敬茶时要先敬尊长者。

（4）陪客交谈

客人坐下，奉敬烟茶糖果之后，聊天就成为我们主要的"娱乐项目"了。话

招人喜欢的 社交礼仪

题内容可因实际情况而定,一般来说应谈一些客人熟悉的事情。与客人交谈时,要让客人畅所欲言,而作为主人的我们则要认真倾听,不要打断客人的谈话。若无法奉陪客人交谈,可安排他人代陪,或提供报纸杂志、打开电视供客人消遣,切不可出现主人只顾自己忙,把客人晾在一旁的情况。客人在没有起身告辞之前,不要当着客人的面看表,这样会使人觉得你是在下"逐客令"。双手支在椅子扶手上也是一种你要结束交谈的表现。

(5) 送客礼节

当客人散席或准备告辞时,我们应婉言相留。客人要走,应等其起身后,主人再起身相送,家人也应微笑起立,亲切告别。若客人来时带了礼物,应再次提及对礼物的感谢或回赠礼物,并不忘提醒客人是否有东西遗忘,或有什么事需要帮忙。送客应送到大门口或街巷口,切忌跨在门槛上向客人告别或客人前脚一走就"啪"地关门。如果是初次来客,主人应主动指路或安排车辆接送,远方来客则应送至火车站、机场或码头,并说祝愿话或发出"欢迎再来"的邀请。

(6) 待客的禁忌

中国人讲究待客之道,给客人倒茶时,不能将壶嘴对着对方,因为"壶嘴"的谐音是"虎嘴";点烟时也忌讳一根火柴连点三支烟;宴请客人时,主人要始终作陪,不要提前离席,更不要将空碗空碟收走,或是擦桌拖地,这些都是"逐客"之举。

做到了以上的要求,你基本上就成为了一个合格的主人,相信来拜访你的朋友会越来越多的。

6. 春节拜年的礼节

春节是我们中华民族最重要的节日,预示着新的一年的开始。从小我们就喜欢过年的感觉,可以穿新衣服,吃好东西。随着年龄的增长,过年的快乐也不再是穿新衣服吃美食这么简单,而是可以访亲探友,可以有时间和同学、朋友相

第八章 拜访和探视的礼仪

聚，放松一下这一年的紧张心情。所以，关于春节拜年的一些礼节我们有必要了解一下。

（1）拜年的时间

最好不要搞"突然袭击"，因为你所要拜访的对象可能也要出去拜访他人，为了避免吃闭门羹，有必要先向主人打招呼。如果你不准备吃饭，上午的最佳时间是九时至十一时之间。过早，可能对方还未起床，节日里大家都有可能睡个懒觉；太迟，如果正巧碰到对方吃饭，会不方便。下午应以一时至五时之间为宜。

向长辈拜年，最好安排在节日内，以示敬重。拜年要注意衣着整洁，大家在春节期间喜欢穿新衣服，就是讨一个"好彩头"，同时也给人一种节日的美感。对于那些平常联系不是很紧密的亲友，有必要对可能碰到的长辈、同辈的称呼有所了解，以免出现尴尬的场面，使人感到不够礼貌。

（2）吉利话说得恰当

对不同的人，应有不同的祝贺语。过年是喜庆的日子，在这个普天同庆的时刻，要在轻松愉快、亲切自然的气氛中，把道喜贺新的真情实意表露出来。

（3）热闹也要有限度

虽然过年图的就是个热闹，但是也不能放肆地大声喧闹，通宵达旦，这样会影响左邻右舍，妨碍别人休息。告别时，要对主人的盛情款待表示谢意，并邀请对方回访。

近些年来，电话拜年、短信拜年、邮件拜年成了时下年轻人的最爱。尤其是对于那些相距比较远，不能亲自登门拜访，或是时间紧迫，来不及拜访的亲友，电话、短信和邮件此时就派上了大用场。即使是相距万里，远在地球的另一端，我们也可以很快送达我们的祝福。

不过也有很多人觉得这种拜年方式显得不够正式，没有办法真实地表达出我们的深情厚谊，也缺少浓浓的人情味。这确实是电话、短信、E-mail 拜年存在的不足。但它们也有自己的优势，那就是方便、快捷。当然，电话、短信、E-mail 拜年也有一些礼节需要注意：

一般情况下，大家都习惯在除夕夜的 12 点才开始打拜年电话，但因为那时是拜年的高峰期，经常会遇到占线的情况，我们不妨提前打电话拜年，这样既可以错过打电话的高峰期，又可以把你的祝福及时地送到。如果是自己打过去的电话，要掌握好时间，不要太长，以免长时间占线影响别人。

现在的短信拜年几乎都是大家发来转去的"现成品"，而有的"冒失鬼"没有检查短信的内容就给亲朋好友发了过去，结果自己发送的祝福却署着别人的名字，这是很失礼的事情。所以，发送短信前，一定要仔细检查一下内容，最好是自己亲自编写的文字。最后要注意的是一定要署上自己的名字，因为并不是谁都能记得我们的号码，大过年的让人猜来猜去实在是件头疼事儿。

邮件的一大优势就是有多种字体、信纸，甚至版式可供选择，这固然可以强化电子邮件的个人特色，但我们在选用的时候还是要慎之又慎。一方面，对电子邮件修饰过多，难免会使其容量增大，收发时间增长，既浪费时间又浪费空间资源，而且往往给人以华而不实的印象；另一方面，收信人的电子邮箱并不一定能支持你所选用的功能，这样一来，对方收到的电子邮件就很可能会背离了发信人的初衷，做了一场"无用功"。

7. 做客时的言谈举止

当你作为客人在主人家做客的时候，你的言谈举止直接关系到你拜访的目的。因为言谈举止是一个人素质的外在表现，它能直接影响到主人的情绪，或是高兴愉快，或是鄙夷厌恶。而在不同感受的支配下，对人对事的看法也就会产生不同的观点。那么，在做客的时候，怎样的言谈举止才是最受人欢迎的呢？

适当的寒暄是不可少的。有几位好朋友想到一个钓鱼的桥墩上去观看正在海湾中举行的划艇比赛，可几次都被警察挡住了，理由是那里钓鱼的人太多，而地方又很小，人拥挤不堪。这时一位女同胞说："让我去试试。"她走到警察面前客气地问他经常在太阳底下工作是不是很辛苦？并且对他的工作表示理解和同情。而当警察说到自己如何喜欢钓鱼时，女同胞适时进言，表达了自己的愿望，警察终于开了绿灯。这位女同胞的成功在于她掌握了交谈的技巧——一种使自己处于有利地位的交谈技巧。

作为客人,也应掌握这种"V形转换"谈话技巧,而寒暄正是这种技巧的具体体现。客人与主人交谈,首先不要进入实质性的问题,可先谈谈天气,问问主人小孩的学习情况,说说趣闻,关心关心他家老人的健康……待交谈气氛融洽时,也就是双方心理相容时,再慢慢说明来意。这样,定能使你乘兴而来,满载而归。所以说,要想稳操胜券,寒暄是不可少的。

主客寒暄之后,客人要适时进言,以免耽误主人过多的时间。一般来说,交谈时间以半个钟头为宜。这就要求客人用言简意赅的话语说明自己的来意。谈得太散,既浪费时间,又影响主旨的表达,有时还可能说些不该说的话。比如,询问主人的经济收入,评点一下他的家庭布置,或者对某个问题穷追不舍等。这些都可能引起主人的不快,并由此影响到拜访目的的实现。谈话没有节制是客人言谈之一忌。节制内容的同时,还必须控制音量。无所顾忌、高谈阔论,会搅乱主人家闲适而安静的生活。客人谈话要"调好音量旋钮",千万不要敞开嗓门说话。

8. 祝寿的礼节

生日、寿诞,有何不同?相信大家都很清楚,年轻人逢出生之日只能过生日,而不能称作过寿,就是怕"折寿"。而一般六七十岁的老人的生辰才有资格接受祝寿。

按照传统的说法,老人过生日叫"做寿",向老年人祝福叫"祝寿",尤其是逢五逢十的祝寿活动更隆重一些。在某些地区为了避讳"十全为满,满则招损"的说法,改为逢九做寿,如六十九岁时做七十大寿。

老年人的寿诞一般不自己操办,多由子女、家人出面举行。在寿诞前一段时间,应预先通知亲朋好友,可以发请柬,也可以电话通知,或请别人捎个口信。

来拜寿的宾客要衣着整洁,最好穿颜色明快的服装,忌穿全黑、全白或只有黑白两种颜色的服装。说话要恭敬，避免不吉利或容易引起不快的话语。祝词可以是祝福老人健康长寿，也可以是赞美老人所取得的成绩或作出的贡献。

祝寿活动往往是以寿筵形式展开，可在家中设宴，也有许多人选择在饭店举办，但是不论地点在哪，都要作相应的布置。大厅正中间悬挂"寿"字，周围布置一些花篮、寿桃等。子女要在门口迎候客人，引导客人入席。寿星作为主角，自然应该坐上座，并请其他德高望重的长者陪同。

虽然现在我们已不再实行什么叩头、拱手的旧礼，但是向寿星道贺却是必不可少的礼节。寿筵开始后，由家人和重要的贵宾致辞，致辞可长可短，表达出祝福之意即可，特别是对那些年事已高的寿星，仪式应尽量简短一些。

给寿星送礼，我们常用的生日贺卡已不再适用，除了食品、服装一类的礼品之外，最受欢迎的应该就是书画作品及其他工艺品。现如今，送花似乎已经成为了一种新的时尚，可以送一些代表健康长寿的文竹、万年青、罗汉松等。当然，一些老年人用的保健品、保健器材也是较受欢迎的贺寿佳礼。

其实，对老人们的关爱应该体现在让老人们在生命中的每一天都心情愉快，而不仅是在寿诞之日。

9. 探望病人的时机

当亲友、同事、同学患病时，前往探望、慰问是人之常情，也是一种礼节。但是，探望病人也要注意一些细节，如探望病人的方式得当，可增加患者战胜病魔的信心，有利于身体早日康复。

探望病人时，首先应选择适当时机，尽量避开病人休息和治疗时间，因为病人的身体虚弱，他们的饮食和睡眠就比常人更重要。如果是探望住院的病人，还要在医院规定的时间内前往。若病人正在休息，我们就不要打扰，可改天再来探望或是托人转达自己的关切之情。

10. 探望病人的语言艺术

由于特殊的心理状态，人在患病期间都相当敏感。与病人谈话时，一般应先询问病人的身体状况及治疗情况。在病人讲述病情时，要认真地听，不要心不在焉、左顾右盼。

对患病的亲友而言，安慰和鼓励的话语，比任何时候都显得生动、有力，它容易引起患者与自己情感的共鸣，进而稳定病人的思想情绪，有利于病人的治疗。

阿伦是一名年轻的建筑工人，一次高空作业时不慎摔伤，顿时昏了过去。等他在医院里苏醒过来，觉得下肢不听使唤，就怀疑自己的腿断了，可能会终身残废，遂萌发了轻生的念头。阿伦的好友发现他这一思想苗头后及时鼓励说："你这么年轻，身体机能这么强，只要你积极配合治疗，日后加强锻炼，肯定能够康复。这是医生说的，你相信我！"短短几句鼓励的话，就使得阿伦放弃了轻生的念头，增强了治疗的信心。

我们在探病时，适当地给病人以积极的暗示，将会消除其悲观心理，帮助他们鼓起希望的风帆，积极配合治疗。

小军不幸患上了黄疸型肝炎，经过一段时间的住院治疗后，总觉得自己的病没有好转，于是便产生了悲观情绪，整天垂头丧气，没有治疗的信心了。这时，小军的好友来探望他，一见面便对小军说："你的脸色比以前好多了，听医生说，你的黄疸指数已有所下降，看来你这病就快好了！"这句带有暗示性的话语，使小军的精神倏然振作。于是，他乐观地接受治疗，加快了康复进程，不久便病愈出院了。

除了要说些安慰和鼓励的话语，淡化病痛带来的苦恼，增强病人战胜疾病的信心外，切忌向病人介绍道听途说的偏方、秘方，更不能推荐未经临床实验的药物。

为照顾病人休息，谈话和逗留的时间都不要太长，注意避免谈论可能刺激对方或有关忌讳的话题。告别时，记得祝他（她）早日恢复健康。

拥有一个好心情，对战胜疾病大有帮助，我们所要做的就是让病人心情愉快，树立与疾病斗争的信心，最终恢复健康。

11. 慎选探望病人的鲜花、水果

看望病人时需要注意一些礼节，如果忽视这些礼节，也许就会影响病人的康复。鲜花和水果是在探望病人时的不二选择，可并不是所有的病人都能"享受"鲜花带来的芬芳，更不是所有的病人都能享用我们带来的水果。

某市的一所大医院里，一名呼吸道疾病患者住院治疗数日后，症状反而加重；一位患者手术后，发生了原因不明的"感冒"，几个喷嚏下来，伤口裂开；一名患者手术后莫名其妙发生了感染……

经医生细查病源才发现，病人亲友送来摆放在患者床头、窗台的几束鲜花竟是引发患者过敏、感染的罪魁祸首。

专家介绍，对花粉敏感的人群要比对青霉素过敏的人群多得多。鲜花是常见的过敏源，能引发或加重呼吸道等器官产生的多种疾病。如今卖花者又常在花篮上喷洒香水，更容易诱发过敏性疾病，加重皮肤及呼吸道疾病患者的病情。目前已证实，至少有200多种花粉可诱发人体出现异常反应。另外，花卉等植物在夜间要消耗大量氧气，与病人争夺室内氧气，直接影响患者的康复。

让我们来看一下在美丽外表下隐藏的"危机"。鲜花可能诱发细菌感染。专

第八章 拜访和探视的礼仪

家介绍，一项细菌检验发现，鲜花插入花瓶 1 小时后，花瓶中一汤匙的水即含有细菌约 10 万个；3 天之后，可增至 2000 万个。这些细菌多来自种花处的土壤。当花插入盛自来水的花瓶后，细菌即以花茎和水中物质为养料进行繁殖，并会随水分的蒸发而飘浮于空气中。严重时，会使患者伤口发生感染或诱发肺部感染。由此看来，花束作为我们探视病人时的"当家礼品"，在选择时要慎之又慎。

（1）送花探病有讲究

专家建议，在探视呼吸道疾病、过敏性疾病、有伤口或免疫力低下的病人时，不要送鲜花。

如一定要送花，应尽可能去正规花店买鲜花，而且不要购买喷有化学芳香剂的鲜花和花篮。患者也需要注意，在病房里摆放鲜花时间不宜过长，要经常换水，及时清理凋谢的花，更不要用输液剩下的药液浇花。

慰问病人适合送红色剑兰、粉玫瑰、兰花等，避免送白、蓝、黄色或香味过浓的花。

（2）挑选水果的学问大

我们去探望病人，最常买的是水果，但多数人的随意性很大，常常是碰到什么就买什么。其实，不同的病人对不同的水果是有宜有忌的，选对了有利于病人康复，反之则可能会使患者病情加重。

糖尿病人：有几样含糖量在 15% 以下的水果可以吃，如：苹果、梨、桃、西瓜，每天的食用量可在 300 至 500 克。而含糖量超过 15% 的水果最好不吃，如香蕉和荔枝等。

招人喜欢的 社交礼仪

　　冠心病人：应吃柑橘、桃、梨、杏、草莓和鲜枣等，这些水果含有丰富的维生素C，有降低血脂和胆固醇的功效。

　　腹泻病人：不宜吃香蕉、梨等，应多吃苹果。

　　肝炎病人：应选食含维生素C和胡萝卜素丰富的水果。如：西瓜、柚子、荔枝、梨、苹果、香蕉等，它们具有保护肝脏、促进肝细胞再生的功能。

　　心力衰竭和水肿严重的病人：切忌食用含水量多的水果，如果食用了大量的西瓜或饮用了过多的椰子汁，会增加心肾负担，加重水肿。

　　心肌梗死病人：宜吃些香蕉、橘子，有利于通便，不宜吃苹果、柿子、莲子等，这些水果易引起便秘，导致病情加重。

　　胃溃疡、十二指肠溃疡、胃酸过多的病人：不宜吃李子、山楂和柠檬等含有机酸过多的水果，以免损伤胃黏膜，加重病情。

　　咳嗽、哮喘病人：最适合梨、橙子、杏等，因为这些水果能够化痰、润肺、止咳，而枣最好不要吃，因为它容易生痰、助热，吃了反而会导致咳嗽加重。

　　所以，在我们探视病人的时候，鲜花、水果这样的礼品也要慎选，仔细考虑你所要探望的病人是不是能"承受"美丽的鲜花和甜美的水果。

第九章
公共场所中的礼仪

招人喜欢的**社交礼仪**

1. 遵守社会公德

我们每一个人，在社会中要得到生存和发展，就必然会在人与人、人与社会之间发生各种各样的关系。为了协调各种关系，让人们共同生活得更幸福、更美好，就需要确立一些被绝大多数人所接受并遵守的社会生活的共同准则，这就是社会公德。

自古以来，任何一个国家都有社会公德，并以此来维护民族团结、社会安定，促进社会进步。一旦社会公德被破坏，必然导致人们行为失范、社会混乱，最终受害的还是广大群众。遵守社会公德是利国、利民、利己的好事。如果认为讲公德吃亏，大家都只顾自己，吃亏的将是所有的人，也包括自己。比如，在一个居民小区里，大家都乱倒垃圾，弄得臭气熏天，蚊蝇孳生，闻臭味的还是小区里的所有住户。如果大家都保护环境卫生，受益的则是每家每户。如果有一家只顾自己，这家就成了害群之马。可想而知，一个人如果从小自私自利，只顾自己，不顾社会，不顾他人，这个人能在社会上立足吗？哪个群体会欢迎这样的人呢？凡是有人群的地方，对自私自利者都是嗤之以鼻的。在学校里，自私自利、不讲社会公德的学生在班集体中是不可能有地位的，更没有同学愿意和他交朋友，他的处境肯定是十分尴尬。因此，每个人都必须从小养成遵守社会公德的良好习惯。

（1）爱护公共财物

首先，要爱护公家的财物。做到公私分明，不占用公家的财物，不损公肥私。但在实际生活中，有些人在单位或学校里不爱护桌椅、器械、器材和其他一些公共设施、设备；有些人在家里千方百计节约用电、用水，而在单位或学校却对"长明灯""长流水"满不在乎，视而不见；有些人甚至随意占用公家财物，并认为"公家的东西不拿白不拿"等。虽然有这种不良习惯的人不见得会被别人排斥，但这些恶习却对国家造成了损失，是一种可耻的行为。做父母的一定要教育好自

第九章
公共场所中的礼仪

己的孩子，不要让孩子有这种不良行为。一旦发现要及时教导孩子纠正，以免发展成为习惯。

其次，要爱护公共设施。如电话亭、路灯及有关通信线路、交通设施、文物古迹等。有些人不注意爱护公共设施，我们经常遗憾地看到，街头的路灯、电话亭或公益广告牌被故意损坏，宣传橱窗的玻璃被人为破坏，公园内新设置的一些雕塑有的已经"残废"，有些人随意在公园、文物古迹等处信手"题词"。有的人甚至把公共设施视为"发财致富的途径"，恶意偷盗井盖，导致夜间行人受伤致残。这些都是令人不齿的、不可为的行为。一定要爱护所有的公共设施，而不要去人为地破坏它、损坏它。

（2）遵守公共秩序

公共秩序代表了大家的共同利益和共同愿望，它是社会文明的标志，是一个人有道德情操的表现，只有大家都遵守公共秩序，我们才能有一个秩序井然、安定文明的社会环境，才能使我们的学习、生活正常进行。

所以，每一个中小学生都要严格要求自己，在公共场所要自觉遵守有关规章制度和纪律，无论是在室内，如会议室、影剧院、商场、图书馆，还是在室外，如体育场、公园、公共汽车上，都一定要按规定办事，不为个人利益而破坏规定。尤其是看到有人破坏规定时，不要出于从众心理也跟着去做，而应该劝阻那些违规的人。

（3）维护公共卫生

有些人不讲公共卫生，主要表现有：随地吐痰，随处吸烟，随地大小便，乱扔纸屑烟头，乱扔果皮杂物，乱泼脏水，乱倒垃圾，甚至有的公然破坏环卫设施，如故意砸烂路边的垃圾桶，

招人喜欢的 **社交礼仪**

在公厕里乱写乱画等。这些都是公共卫生意识差的具体表现。

要维护好公共卫生，作为中小学生，首先要积极参加卫生宣传和健康教育活动，从而增强维护公共卫生意识和卫生防病意识，提高自我保护能力。其次要自觉遵守公共卫生基本规范，革除各种不良卫生陋习，自觉克服不良卫生习惯。维护公共卫生，养成文明健康的行为举止，坚决做到：不随地吐痰，不吸烟，不随地便溺，不乱扔东西，不乱泼脏水，不乱倒垃圾。还要敢于同违反公共卫生规范的人和事作斗争。

（4）保护公共环境

环境和资源是人类生存和发展的基本条件。能不能有效地保护环境，关系到每个公民的生活质量和切身利益，关系到人们的安居乐业，关系到我们的子孙后代能否持续发展。保护环境，就是保护我们自己。保护环境不仅是我国的一项基本国策，也是社会公德的一项基本要求。

所以，每一个人都要树立"保护环境，人人有责"的观念，从自己做起，从身边的一些小事做起，努力养成有利于保护环境的生活习惯和行为方式，如不乱倒垃圾、污水，不破坏花草树木，不损坏各类环境卫生设施等。此外，还应积极参加植树造林，保护绿化成果，大胆揭发或制止破坏环境、污染环境的人和事。

2. 课堂上的礼仪

学习是学生的主要任务，而课堂就是学生完成这个艰巨任务的主要"阵地"，在这个"阵地"上，我们不能恣意妄为，也有许多的礼仪需要我们注意。

课前做好准备是上好一节课的良好开端，体现了对老师的尊敬。听到上课铃声后，应迅速走进教室，准备好课本、文具等学习用品，安静端坐，恭候老师的到来，这是对老师最起码的尊重。老师走进教室，班长要喊"起立！"，全班同学应立即起立并立正站好，向老师鞠躬问好并行注目礼，待老师回礼后方可坐下。

第九章
公共场所中的礼仪

有时候我们确实会遇到特殊情况，不得已只好在上课后才进入教室。这时候，因事迟到的同学不能"破门而入"，应先在教室门外喊报告或敲门，待老师允许后再进入教室。回座位时，尽量不要发出声响，更不能为了掩饰自己的窘况，反而故意做出惹人发笑的举动。坐下之后，取出课本和笔记，然后迅速集中精力听讲。总之，迟到了的同学应该努力补救自己给班级带来的干扰，要把由于自己迟到而对课堂秩序造成的影响，减少到最低程度。

同样的，老师上课时也可能迟到。在这种情况下，同学们一定要以理解、冷静、正确的态度来对待。当我们发现教师在上课铃响过后才进入课堂时，不要大惊小怪，不要喧哗，更不要大声议论。当老师就迟到的原因作出解释并表示歉意时，我们应给予谅解。

学校是我们学习的地方，不是"秀场"，在课堂上要衣着整洁，不要穿奇装异服。夏天不能赤脚或穿拖鞋，更不能敞胸露怀，听讲时不能扇扇子。冬天课堂上不应戴帽子、戴手套或戴口罩，课堂上不能随便离位走动、吃东西、喝水、嚼口香糖、听录音机等。

课堂上认真听讲，认真思考，有疑问提出或回答问题时，要经老师允许后再起立发言，态度要严肃认真，不要故意做出松松垮垮或引人发笑的举动。在其他同学回答提问时，不要随便插话。别人回答错了，或者回答不出来，不可在旁讥讽嘲笑。

遵守课堂纪律，既是尊重老师的表现，也是尊重同学的表现。在老师上课时，我们要认真听讲，做好笔记，积极发言，不窃窃私语。课堂上，任何一个同学扰乱了课堂秩序势必都会影响到其他同学的上课情绪。不是爱搞小动作爱说话的同学影响到前后左右的同学无法集中精神听课，就是老师不得不中断上课来提醒、批评一些不遵守纪律的同学，这样不仅浪费了全班同学的时间，而且也打断了同学们听课的连贯性。遵守课堂纪律，这是对老师、同学的尊重，也是对自己的尊重，更是对知识和学业的尊重。

对老师讲述的内容有异议时，最好下课后单独找老师交换意见，共同探讨。若需要当时提出，那么你的态度要诚恳、谦虚恭敬，不可扰乱课堂秩序。

上课时要认真做好笔记，独立完成练习，不看与本课无关的书报或做其他与教学无关的事情。自习课上，应认真复习、预习，独立完成作业。不做其他无关

招人喜欢的社交礼仪

事情,更不能随便走出教室,要始终保持教室安静。

下课铃响,老师宣布下课后,待老师离开课堂或经老师允许再自由活动。如有听课老师,应先请听课老师退席,然后同学才能活动。

3. 课间礼仪

课间是同学们上完课后休息的时间,而在这短短的十分钟里也存在着很多礼仪问题。那么,课间都有哪些礼仪呢?

课间休息时不得在教室里打闹;

课间举止要文明,严禁在走廊里乱跑乱撞,追逐打闹,大声喊叫;

在走廊遇到老师时,要主动和老师打招呼;

课间游戏要注意安全,文明高雅、相互谦让;

要抓紧时间做好下节课的准备工作。

4. 典礼仪式的礼仪规范

仪式是按一定礼节进行的集体活动。青少年朋友在学校生活中要参加各种各样的仪式,无论参加什么仪式,都必须遵守仪式所要求的各种礼仪。

开学典礼、毕业典礼

(1)开学典礼

每个新学年或新学期开学之际,学校都要举行开学典礼。开学典礼是学校的

第九章 公共场所中的礼仪

大典,是新学年、新学期开始的标志,全校师生都要参加。

参加开学典礼的同学应身着统一的校服、佩戴校徽(少先队员还应佩戴红领巾,共青团员应佩戴团徽)。参加开学典礼的同学要按班级列队入场,在指定位置就座,入场要迅捷、安静,落座后也不要交头接耳、大声喧哗,要保证会场气氛庄严肃穆。典礼开始时要认真听从主持人的指挥。认真听取校长报告和其他人的发言,适时报以掌声。掌声应热烈而有节制。唱国歌、校歌和喊口号时声音要响亮。典礼结束后应等领导、来宾以及老师离场完毕再在主持人的指挥下按顺序退场。

(2)毕业典礼

毕业对于每一个经过艰苦学习的青少年朋友来说,都是一个充满快乐却又伴随着些许悲伤的时刻。青少年朋友完成学习任务后,经过考试成绩合格,就可以顺利地毕业了。为此,学校要举行大规模的毕业典礼。全体应届毕业生、学校领导和毕业班的老师都会参加毕业典礼,有时候,毕业典礼也会邀请毕业生家长参加。

毕业典礼的会场气氛隆重、热烈。学生、老师、家长共同见证青少年朋友学业道路上最重要的一刻,心中可谓百感交集,我们要珍视这一时刻。出席毕业典礼时,毕业生应身着校服、佩戴校徽,按班级在主席台下就座。在听取发言时应专注,要适时、适度鼓掌,以表示感谢或认同。在领取毕业证书时,毕业生要依次上台,稳步走上前,双手接过毕业证书。

毕业典礼可以说是青少年朋友正式结束某一阶段学习生活的最后时刻,对于每一位参加的同学来说都具有重要的意义,在毕业典礼上遵守各种礼仪规范,可以为我们这一阶段的学习画上完美的句号。

升旗仪式、入团宣誓仪式、成人宣誓仪式

(1)升旗仪式

《中华人民共和国国旗法》明确规定:全日制中小学除假期外每周举行一次

招人喜欢的社交礼仪

升旗仪式。升旗仪式在星期一早晨举行,全体学生应着装整齐在大操场列队集合,面向旗杆肃立。当主持人宣布"奏(唱)国歌,升旗"时,要脱帽、立正、行注目礼(少先队员应行队礼),目送国旗升顶,直至仪式完毕。唱国歌时要吐字清晰声音洪亮,感情真挚而热烈。升旗是一项严肃、庄重的仪式,全场要保持安静,不应自由走动、东张西望。升旗后,在国旗下讲话。讲话者无论是学校领导,还是同学代表,同学们都应保持安静、认真听取。

(2)入团宣誓仪式

青少年朋友都会经历从少先队员到共青团员的转变,这象征着我们的成长与成熟,是我们人生中最重要的时刻之一。

入团宣誓仪式是由团组织主持的新团员入团的仪式。参加入团宣誓仪式的新团员,要在团旗下列队肃立;宣誓时右手握拳举于右耳稍高处;读誓词时,要目视团旗,随领誓人齐声宣读,声音要响亮、坚定、有力。在领誓人报"领誓人×××"之后,宣誓人要依次报"宣誓人×××",随后放下右手。

(3)成人宣誓仪式

18岁,对于青少年朋友来说是意义非比寻常的一个年龄,依照《中华人民共和国宪法》,年满18岁的公民都有选举权和被选举权,这就意味着随着18岁的到来,你已经是一个成年人了。

在18岁这一年,通常会举办成人宣誓仪式。成人宣誓仪式必须按照规定的程序进行,使用统一的誓词、标志和主题歌曲。

参加成人宣誓仪式的同学着装要整齐,态度要严肃,要保证仪式气氛的庄重。领誓人应由学校主要领导担任,也可特邀德高望众的英模人物担任。宣誓时,要

精神饱满，态度严肃，随领誓人齐声宣读，声音洪亮而有力。

以上这些典礼仪式是青少年朋友参加的最基本的活动，不论参加什么样的典礼或仪式，青少年朋友都要遵守礼仪规范。

5. 参加学校运动会的礼仪

青少年朋友在学校里不仅要学习文化知识，还要参加学校的一些活动，这些活动不仅丰富了我们的业余生活，也扩大了我们人际交往的范围。相信每一位同学都喜欢在学习生活之余参加学校的活动。正因为如此，学校的活动也成为了我们展示礼仪的一个重要的场所。

集体活动是扩大了的课堂，对于培养青少年的集体主义观念、提高各方面素质，健康地成长、成才具有很好的促进作用。青少年朋友应在集体活动中顾全大局，遵守礼仪。要积极参加学校各级组织的各项集体活动，扮演好自己在活动中的角色。

运动会是学校重要的活动之一，是我们展示自身风貌的绝佳场所。在运动场上，运动员奋力拼搏，场下助威的同学们激情飞扬，体现了青少年朋友朝气蓬勃的精神面貌。但同时，我们也要注意，在运动会上无论观众还是运动员都要遵守赛场纪律，时刻注意我们的礼仪。

开幕式象征着运动会的开始，不仅能激发鼓舞运动员的热情和斗志，更能吸引观众。无论观众、运动员都要听从大会指挥，严肃认真，使开幕式在隆重的气氛中进行。同时，在参加运动会时，要按时进退场，中途不随意离席。

作为观众的同学不要过分大声喧嚷，或做出粗言辱骂等失礼行为，要适时、适度鼓掌，不起哄，不喝倒彩，要当文明观众。切勿向比赛场地投掷空罐、纸屑、果皮等影响比赛，也不要在观众台上看书报，交头接耳，对比赛漠不关心。

运动员要保持良好的精神状态，不要过分计较得失，要尊重裁判判决，不与裁判发生争吵，正确对待输赢。观众要鼓舞选手志气，不要偏袒自己的同学、敌视对手，应以公平竞争的态度观赏。

6. 会议礼仪

在学校生活中，我们经常有机会出席各种类型的会议。出席会议，务必遵守有关的会议礼仪。

参加会议时，特别是作为主持人、报告人参加会议，宜着正装，不要穿便装。

遵守会议纪律和社会公德。准时出席，不要迟到、早退，要在指定的位置就座，不要任意离席，不要自由散漫，更不要闭目养神、听音乐、吃零食，也不要与身边的人交头接耳、窃窃私语或高声谈话，不要传阅书报或讨论私人问题。

当轮到我们登台发言时，要向领导、师长、来宾和观众行礼。遵守会议程序及规定，言简意赅，不要超过规定的时间。发言完毕，首先向听众行礼，再向领导、师长、来宾行礼。

讨论问题时应尊重对方意见，针对事情以理相争，不要大声争吵，更不可进行人身攻击。

要严格遵守关于会议时间、议程的规定。

如果是表彰大会需要我们上台领奖时，要注意如下几点：听到宣布获奖后要整理好自己的衣着，快速走上领奖台，立正站好行礼后，双手接过奖品并再次行礼，然后转过身向台下有礼貌地展示奖品，按秩序走下领奖台。

7. 自习室里不要"霸占座位"

要说自习室里什么最令人头痛，不是闷热的空气，不是拥挤的环境，而是"千金难买"的座位。说到座位这个问题，想必很多大学生都深有体会，尤其是到了学期末，自习室里的座位简直可以用"炙手可热"来形容。也正是因为如此，才为后来的网络歌曲《大学生的自习室》的成功奠定了广泛的"群众基础"。有人说《大学生的自习室》暴露出了目前困扰自习室的诸多问题，道出了众多大学生的心里话，歌曲中那个可怜的主人公，为了找到一个座位可以说是"历尽艰辛"，最终被一句"下午三点有会，谢谢合作"彻底打败。现实生活中你是否也曾经为找不到座位而苦恼呢？是否为大面积早已"名花有主"的座位而恨自己来得太迟呢？

张静是百万考研大军中的一员，为了能"杀出重围"，金榜题名，张静下了很大的功夫，起早贪黑地学习。"我这劲头真赶上了当年考大学了，"张静无奈地说："可是当年考大学不用为座位愁，现在每天学习首要解决的问题就是座位。"让我们来看一下张静每天艰辛的抢座位历程。

图书馆自习室每天早上六点半开门，为了能抢到一个好位置，张静不得不在五点半起床，六点钟去排队，冬天寒风凛冽，在图书馆外面排队的人已经有不少了。时间一到，大门一开，众人一拥而入，百米冲刺般地冲进自习室，场面甚是壮观。不到一分钟，能容纳上百人的自习室已经是"座无虚席"。可是，定睛一看，座位还有很多，却早已是"名花有主"，主人未到，座位已经被"预订""抢购"了。张静常常是"无功而返"，因为等到她气喘吁吁地冲进自习室时，大部分座位已经被他人"占为己有"了。像张静这样的同学不在少数，他们也只能"望座兴叹"，束手无策了。

曾经有调查显示，有多达86.3%的学生都有过占座的经历。占座事小，影响

招人喜欢的社交礼仪

却大。对于很多同学来说，占座的初衷也许是为了自己能有一个良好的学习环境与氛围，这本来无可厚非。但如果占着座却又空着座，自己不来学习，这不仅浪费了自习室的"座位资源"，而且也损害了其他同学的权利。毕竟，自习室的座位也是公共资源，没有人有权将它据为己有。很多学校也采取了许多措施来扭转"占座"之风，但常常是法不责众，"风头紧"的时候大家可能会有所顾忌，一旦"严打"过了，新一轮的占座大战就又开始了。

占座问题也许可以通过严格制度和加强管理来缓解，但并不是治本之策，关键还在于大学生自己的自觉和自律。一滴水可以折射太阳的光辉，提升道德境界也需要从小事做起，不能因为太"习惯"而以为是"正常"。

有媒体曾报道说，针对大学校园普遍的"占座"现象，北京大学学生正在酝酿发起"不占座日"活动。此前的征求意见显示，大多数学生对此都表示支持并愿意参加。这说明了一个可喜的变化，即大学生自己已经意识到了问题的存在并在着手加以改变。

除了要改变现在自习室里找座位难的现状，我们还应注意自习室里的其他礼节：不要大声讲话，交头接耳，嘀嘀咕咕；把手机设置成为静音状态或是关机；不要旁若无人地在自习室里接电话；不要把自习室当成食堂，不要在里面吃零食。

只要大家自觉遵守自习室里的礼节，相信我们每个人都会拥有一个舒适的自习环境，学习成绩自然会提高。

8. 阅览室里的礼仪规矩

徜徉在书的海洋中是一件惬意而轻松的事情，学校的图书馆藏书丰富，环境优雅，是同学们业余时间最喜爱去的地方之一。

可是在图书馆里总有一些"不合时宜"的声音打断我们的思路。

媛媛没事的时候总喜欢到图书馆里看书，她算得上是图书馆里的常客，可却

第九章
公共场所中的礼仪

是最不受欢迎的人。媛媛喜欢穿高跟鞋,每当进入图出馆,她的高跟鞋发出的声响让其他同学觉得"震耳欲聋",可媛媛似乎并没有意识到。找到一个好位置坐下后,媛媛先把旁边的位置也占了,因为她的东西实在是太多了。虽然学校的图书馆没有明确禁止带吃的进入,可是大部分同学还是很自觉地不带任何零食。媛媛可管不住自己,她的零食总是花样百出,应有尽有。媛媛的行为招来不少白眼,可是她好像也没有意识到自己的做法有什么不妥。

其实在阅览室里,除了要保持安静外,还有许多潜在的礼仪规矩需要我们时刻注意。

有些同学喜欢穿着拖鞋、背心、短裤去图书馆,这样的打扮实在是"有碍观瞻"。女生也最好不要穿高跟鞋,尽量少走动,走路时也尽量不要发出声响。不要在图书馆里无事闲逛或者追逐打闹。当然爱美的女生穿得过于"凉爽"也不太适合图书馆的气氛。

像媛媛那样几乎把全部"家当"都带到图书馆的行为实在是不可取,去图书馆看书最好不要带过多的私人物品进入,以防盗窃。更不能随便吃东西,以免污染书籍。不要嚼口香糖,更不能吸烟或是随地吐痰。

手机噪音已经成为了图书馆的"头号大敌",此起彼伏的铃声常常搅得他人无法专心看书。所以只要我们进入了阅览室,就要把手机关机或者调整成为震动状态,不要使其发出声响。

在图书馆里要尽量不说话,如果实在需要交谈,应当把声音压到最低,并且尽快结束交谈。切忌高声谈笑、吵闹,或与男(女)朋友打情骂俏,这样做的结果只能是遭人白眼。

遵守图书馆规则,不要与管理人员争执。尊重管理人员的劳动,这同时也是尊重了我们自己。

不要用任何东西占座,更不要在座位上休息或睡觉。

有些同学喜欢在桌子上"抒发感想",于是才有了我们很常见的"课桌文化"。图书馆的桌椅是公共财物,是为每一位来到这里的同学服务的,所以我们不能在桌椅上胡乱涂划雕刻,就座时,移动椅子不要发出声音,不要故意拖拉椅子。

爱惜图书就要做到轻拿、轻翻、轻放。不在书上注记或折页,阅览时不要往书本上划线,不要折角。"缺胳膊少腿"的"残疾书"在图书馆里也是屡见不鲜,为了能让他人也获得知识，即使是我们再喜爱这本书也不能把它"据为己有"，或是撕下其中的几页。遇到对自己有价值的资料，可与管理人员联系，得到允许后可以去复印。

阅览室是大家共有的资源，还要我们大家爱护它。

9. 小小宿舍礼仪多

我们常常可以听到许多住校的同学这样形容自己的校园生活——教室、食堂、宿舍三点一线。相信很多还没有经历过宿舍生活的青少年朋友很羡慕这种自由的感觉。自由惬意是不假，宿舍生活虽然无拘无束，但是没有了父母的管束并不代表我们可以恣意妄为，小小的宿舍有许多的礼仪要我们时刻注意。

宿舍卫生大家共同维护

保持宿舍的整洁干净需要大家共同努力。要时刻保持宿舍内外整洁，经常打扫寝室，包括地面、桌椅、橱柜和门窗等。个人"领地"也要注意整洁，床上物品应该摆放整洁。

宿舍卫生问题一直是一个大难题，尤其是男生宿舍，卫生状况简直可以称得上是"老大难"问题。不仅宿舍里常常是乱七八糟无处站人，就连一些男生的个人卫生问题也有待解决。

男生中很流行这样一种说法：衣服脏了不要紧，放在一边备用，等所有干净衣服都穿完了，再从这堆脏衣服里挑出比较干净的，继续穿。虽然这种说法有些夸张，但在一定程度上确实反映出了问题的普遍性。

还有些同学虽然很注意自己的个人形象问题，个人卫生也搞得十分到位，什么时候都是以最佳面貌示人。但是，在宿舍里却是另一个样子，大家都喜欢用"臭名昭著"来形容这类同学。

小帅就是这类人,在同学面前总是穿得时尚干净,在女生中有很好的口碑。可是,只有住在同一个宿舍里的同学知道他的"真实面貌"。"宿舍里最不注意卫生的就是他了,"宿舍长肖岩说,"虽然自己穿得很整齐,可是宿舍里最乱的地方就是他的床铺,上面什么东西都有,书、衣服、笔记本电脑,被子也常常堆在那里不愿意叠起来。这还不算,最令人无法忍受的是他总不尊重他人的劳动,喜欢乱丢东西,别人打扫干净以后,只要小帅在宿舍里,过不多久一定又恢复原状,乱得'一塌糊涂'。"

"宿舍是我家,人人都爱它。"这句口号还需要我们用实际行动来将它落到实处。

"串门"也要知礼节

住宿舍的同学都有"串门"的习惯,喜欢到各个宿舍走走、聊聊天,这不仅有助于同学间的相互了解,同时可以增进同学间的感情。但是,在"串门"时我们还要注意一些礼节。

到别的宿舍"串门",要敲门后方可进入,未得到允许不要乱闯一通。如果你是在他人的邀请下来的,进门后,应主动向其他同学打招呼,并且只能坐在邀请你的同学的铺位上,不能随处乱坐。不要乱用别人的物品,不要乱翻别人的东西。讲话声要轻,不能坐得太久,以免影响其他同学的正常作息。

接待亲友或外人来访时,在进入前自己应先向在室内的同学打招呼。进来后,自己应主动为同学作介绍,如果是异性亲友或外人来访,更要事先打招呼,说明情况,要在同寝室的人有所准备之后再进入。同寝室的同学也要礼貌待人,这样既尊重了客人,也尊重了同学。

关心舍友,不干预对方生活

住在同一屋檐下的兄弟姐妹要相互关心,但也要为各自留下一定的空间,过分热心于别人的私事,可能会导致侵犯他人的个人权利。假如有意或无意地干预别人的私事,也可能会造成难堪的后果。

不可以私翻私看别人的日记。日记是非常私人的东西，即使是摊在桌上的日记本也不要以任何借口私自翻阅。宿舍人多，信件自然也很多，我们要注意不可以私拆、私藏别人的信。

当同学有亲友来访，谈一些私事时，其他同学要适当回避。不要在一旁听，更不要插嘴询问。

在宿舍小小的空间里，有我们一同生活的兄弟姐妹，我们来自天南海北，只有真诚地对待他人，遵守宿舍的礼仪规范，才能让我们在同一屋檐下生活得愉快而自由。

10. 社交场合的 Lady First

北京日报曾经做过这样一个小调查：你是怎样看待"女士优先"的？

A. 无论什么情况下都应该做到"女士优先"

B. 在社交场合，应该做到"女士优先"

C. 现在男女平等，没有必要提倡"女士优先"

在此次小调查中，有73%的人选择了"在社交场合，应该做到'女士优先'"，有22%的人认为"无论什么情况都应该做到'女士优先'"，有5%的人认为"现在男女平等，没有必要提倡'女士优先'"。可以看出，大部分人还是认同"女士优先"这条礼仪原则的。在国际社会，尤其是在西方国家，"女士优先"这条礼仪原则不仅得到了公认，而且早已逐渐演化为一系列具体的、可操作的做法。

"女士优先"不仅已是世人皆知，而且在社会舆论的督促之下，每一名成年的男子均须将其认真付诸实践。在社交场合，男士应该处处尊重女士，礼让女士，以女士为先。

著名笑星笑林为我们讲述过这样一个故事：

第九章
公共场所中的礼仪

"我们作为演员,经常有出国演出的机会。大家也都很熟悉我的搭档李国盛老师,他年纪比较大,在一次出国之前我们安排了一个年轻的女舞蹈演员来照顾他,帮他拿拿东西。我们在美国下了飞机之后,把行李全部放在行李车上,我和舞蹈演员推着,国盛老师在一边走着。刚从机场出来,就有一位警察冲着我们大声地指责,陪同我们的华侨就给我们翻译,他说警察在质疑国盛老师怎么能让女孩拿着行李,自己在一边走。于是我们的华侨朋友就和他解释说国盛老师年纪大了。结果警察还是不放过,问道:'他病了吗?走不动了吗?'让人哭笑不得。后来再到别的国家时,我们就会注意入乡随俗,都是我帮着国盛老师拿行李,不用女舞蹈演员拿了。"

这个小故事集中体现了东西方礼仪文化的一种碰撞,从中我们可以看出在西方社会,"女士优先"这条原则已深入人心,有时候在我们看来似乎还有点儿不可理解。

西方文化中往往把女性作为母亲、美神、爱神的化身去看待,所以格外受尊重。而一个有教养的成熟的男士在公共社交场合应该用自己的言行举止去关心女性、照顾女性、体谅女性,只有做到这一点才是一个有教养的人,才是一个不粗俗的人。

在我们中华民族传统的文明礼仪当中,没有"女士优先"这个概念。中国古代的传统文化中,等级制度相当严格,我们一直强调的是长幼尊卑,而不是按照性别来分。由于中国的传统文化和西方的传统文化存在着差异,所以中国的男士还不习惯处处"女士优先",而我们的女士也不适应"女士优先"。青少年朋友即将走向社会，会接触到越来越多的社交场合，也可能会和外宾打交道，能否在社交场合做到"女士优先"，体现着一个人良好的素质与修养。

上楼梯时，女士走在前面，男士走在后面；下楼梯时则相反。因为上楼梯时万一发生意外，男士可以设法保护走在前面的女士；万一自己滑倒，也不会倒到女士身上。

看影观剧时，同行男士应坐在最靠近走道的座位上，影剧结束时，男士应站在走道边等女士出来后，再一起走出影剧院。如果影剧结束时，因走道拥挤而不能并行时，男士应走在女士的前面。

出席晚会或宴会时，同行男士应先给女士找好座位，并等女士坐下后再坐下。如果没有专人服务，男士就应该为女士拉出椅子，等她站在椅子前的时候再把椅子稍稍往前移，直至女士就座。

男士和女士一同上车时，男士应上前几步，为女士打开车门；下车时，男士应先下来，为女士拉开车门。在乘坐公共汽车时，看到年长或体弱的女士，应主动让座；聚会时，女士进入聚会场所，先到的男士应站起来迎接。和女士一起外出，男士应主动帮助女士拿一些笨重的东西，但不用帮拎随身的小包。

11. 观赏体育赛事的注意事项

体育赛事，特别是国际性体育赛事是一面镜子，赛场观众的文明程度和表现，甚至要比运动员的表现，更能体现一个国家的国民素质。做一个观众并不难，难的是做一个文明的观众。青少年朋友一定有很多观赏比赛的经历，赛场观众的不文明行为也可能见过很多，那么你是不是一个文明的观众呢？也许你认为在赛场上观看比赛，心情难免随着比赛的进程激动不已，做出一些不文明的行为完全可以理解，也没有什么值得大惊小怪的，那么就请你看看下面球迷张某的经历。

第九章
公共场所中的礼仪

2006年《解放日报》曾经报道过这样一篇新闻，申花球迷张某，仅因为在虹口足球场放了一只火焰信号弹，就成了"足球流氓"。随着2006年3月1日《中华人民共和国治安管理处罚法》的实施，他因此成为上海第一个受到法律处罚的球迷——被拘留5天，一年内不准再进体育场观看同类赛事。

张某的经历，可以给那些在观看比赛时经常有不文明举动的观众提个醒，我们在欣赏比赛时，要做一个文明的观众。

许多观众在观看比赛的时候缺乏起码的基本礼仪，我们常常可以看到这样的情形：足球比赛结束后，球场已经成了满地碎报纸、烟蒂等杂物的垃圾场；足球场上的"国骂"司空见惯。同样，在乒乓球、羽毛球和网球比赛中，运动员发球时仍有人在呐喊喧哗，即便主持人进行提醒，手机铃声还是不断响起，闪光灯拍照仍是此起彼伏。

体育比赛可以给我们带来美的享受。青少年朋友热爱运动，积极乐观，如何做一名文明的观众，是每一个青少年朋友必须思考的问题。我们不妨看看国外观众的表现：在韩、日世界杯上，韩国球迷的"红魔"拉拉队用整齐划一、排山倒海般的加油，给全世界留下了无法抹去的印象；在2004年雅典奥运会，有人看到退场的希腊观众，排队到垃圾箱前丢弃废物。

以网球比赛为例，观看比赛时有非常严格的注意事项：

网球四大公开赛的安检非常严格，在美国网球公开赛中照相机、摄影机等都是限制带入场地的，因为闪光灯会影响球员的发挥。温网允许人们带入酒精饮料，但是不能超过一瓶葡萄酒或两罐啤酒，观众可以边看球边品尝美酒，但美网对此是完全禁止的。

行李是不能带进场内的，尤其是大件的物品。在大的网球公开赛中，背包的观众入场前必须通过安检门，确定包中没有危险物品方能允许进入。为了球员和观众的安全，玻璃瓶、易拉罐饮料都是不允许带进场地的，比赛时只允许带软包装饮料进入球场。

一些电子通讯设备也是不能带进场地的，如电视、收音机、电脑等，电视及收音机的杂音会影响到选手的发挥。另外，也不能带婴儿进入场地，因为他们的声音无法控制。

值得一提的是，观众在观看比赛时，最好将手机关掉或调成振动。

中国是举世闻名的礼仪之邦，在赛场上，我们要做文明知礼的观众。知礼的核心是相互尊重，在赛场上，知礼可以体现在很多方面：例如尊重其他国家的国旗、国歌；尊重运动员和裁判员；遵守赛场规则，文明着装、文明用语，向赛场的不文明行为说"不"。

第十章
交通出行中的礼仪

1. 坐飞机的礼节

飞机是人们长途旅行的重要交通工具，机场也是人群比较集中的地方，因此，我们每一个人的一举一动都会影响到周围的乘客，尤其是一些人的不文明举动，不仅有失体统，而且会给他人造成不必要的困扰。

在候机大厅内的旅客应注意，一个人只能坐一个位子，不要用行李占位子。要注意异性之间不要过于亲密。无论是同性还是异性，都不要坐在对方腿上，这是非常不礼貌的行为，特别是在国际机场。在座位紧张的情况下，要把座位让给老人、抱小孩的妇女或孕妇。

在机场，旅客携带的行李比较多，一般会使用行李车。在使用行李车时要注意爱护，不要损坏。在座位上休息时，行李车不要横在通道内，影响其他旅客通行。乘飞机时，一定不要带太多随身行李。很多人不愿意托运行李，于是便带着大包小包乘飞机。这样一来，在取放行李时，经常长时间占用过道，影响其他人通行。而且还会占用别人的行李位，使后来的旅客往往没有地方放自己的随身物品。

第十章
交通出行中的礼仪

旅客结伴出行时，在办理登机牌和安检时，总有些人为几个朋友占队，让好几个朋友都加进他的位置上，这样的做法不可取。因为办理登机牌和安检的队伍往往有好几个，旅客可以选择人较少的队伍，而占队的行为会增加其他旅客的排队时间。

安检时还需要注意，在轮到自己安检前，要提前把护照、身份证、登机牌和机票准备好，以免临时翻找耽误时间，也容易出错。

在飞行的过程中，手机是一定不能使用的，这样会干扰飞机的电子系统，导致严重后果。所以，我们一上飞机就要关闭手机，在飞机停稳后才可以打开。

飞机上的饮料是不限量免费供应的。但需要注意的是，在要饮料的时候，只能先要一种，喝完了再要，以免饮料洒落。而且，由于飞机上的卫生间有限，狂饮饮料的旅客恐怕要一趟趟地来往于座位与卫生间之间，不仅自己不便，也妨碍了他人。在飞机上是可以喝酒的，但只是为了促进饮食，不能像在饭店里一样推杯换盏，尤其要注意的是，千万不要酗酒，喝得醉醺醺，甚至耍酒风，实在是失礼的举动，等到酒醒以后，真是要"追悔莫及"了。

另外，由于飞机所能承受的垃圾数量有限，所以旅客最好不要自带零食，尤其是一些带壳的零食。此外，我们不要贪图小便宜，把飞机上提供的非一次性用品带走，比如餐盘、耳机、毛毯等。

邻座旅客之间可以进行交谈，但不要隔着座位说话，也不要前后座说话。注意谈话的声音不要过大。

2. 乘小轿车的礼节

曾经有这样一则故事，在我们寻找外星生物的同时，外星人也在观察着地球。通过他们的探查，外星人对地球得出了这样的认识：地球上的主要生物是有四个轮子的汽车，而人则是这种"四轮生物"的养料，只要"养料"（即人）添加到

招人喜欢的社交礼仪

"四轮生物"中,这种生物便有了活力,可以行动自如了。这虽然是一则夸张的笑话,但是却很好地说明了一个问题:汽车的数量已经不可小觑。毫无疑问,不论是私家车还是公共汽车,现在汽车已经成了我们主要的代步工具。每天我们都不可避免地要在汽车上耗费大量的时间,因此乘车时的一些礼节还是需要我们每一个青少年朋友注意的。

小轿车一般能乘坐包括司机在内的五个人,而后排中间的位置在正式场合一般是不安排乘坐者的,车内的位置也有高下之分。一般来说,轿车内的座位是后排为上,前排为下,后排的三个座位(通常只坐两人)又以右为上,左为下,也就是说,与司机成对角线的位置是车内最尊贵的位置。其次是后排左座、前排右座(副驾驶)。世界上大部分国家的交通规则是右侧行驶,这样坐在右侧的人上下车就相对方便一些。

我们不难发现,看似复杂多变的乘车礼仪所遵循的基本规则不外乎三条:方便为上,安全为上,尊重为上。单从方便的角度讲,作为坐车者上下车比较方便的位置有两个,即前排右座和后排右座。而前排右座通常被视为最不安全的位置,所以后排右座就通常被尊为上座了。

也许你会认为,如果以安全论,车上最安全的位置当数后排左座,即司机后面的位置,却因何未被视为上座,是否意味着方便优先,安全次之呢?其实也不尽然,在一些政务或外交礼仪中,确实是把后排左座视为尊位的。因为这时车上坐的都是政府要员或重要外宾,在这种情况下安全性就被提升到更重要的位置了。

所谓尊重为上就是在遵守礼仪规则的同时还要尊重客人的生活习惯和认知水平。比如说有时候客人在并非出于谦让的情况下坐错了位次,即坐在了下位,而

第十章
交通出行中的礼仪

这种错误又不影响别的客人，我们就应当将错就错尊重他的选择，而不必告诉对方您坐错位置了。这就是商务礼仪中通常说的客人坐的位置即为上的道理。

如果主人（或领导、长者等）亲自驾车，副驾驶位就成了尊位，后面依次是后排右位、后排左位位置。它体现的是尊重为上的礼仪原则，即客人对开车者的尊重，而安全和方便又都变得相对次要了。

3. 乘公共交通工具的礼仪

在我国，私家车还没有像电视机一样普及，大部分人外出主要乘坐的还是公共交通工具。大家共享一个狭小的空间，有很多的礼仪需要注意。

上车时不要拥挤，要排队上车，同时照顾到一些老弱病残人士。

上车后不要"你追我赶"地去抢座位，要把座位让给那些老弱病残人士，比起我们，他们更需要那些座位。不要为了给同伴占座而把腿或东西放在旁边的座位上。如果东西过多，要和售票员商量，不要把东西堆在过道上，影响他人通过。

在上下班的高峰期，车上的乘客比较多，相互之间难免会碰撞、踩踏，这时我们不要着急，如果是自己踩了他人要主动道歉，如果是别人碰撞了自己，也不要发火，应大度地表示"没关系"。

谈到公共交通工具上最令人讨厌的行为，旁若无人地大声接电话或是滔滔不绝地说个没完想必会榜上有名。虽然没有明文规定"公共交通工具上不准大声讲话或接电话"，公共交通工具也不是图书馆、自习室，必须保持安静，但是长时间旁若无人地大声讲话，会给他人造成"噪声污染"，也容易分散司机的注意力，为我们带来了安全隐患。

日常生活中，在公共交通工具上大声说笑或是接讲电话的人很常见，这些人并不知道自己的行为给他人带来了不便，是很失礼的行为。

183

4. 坐火车的礼节

在火车候车大厅内，旅客要注意行李的摆放不要妨碍其他旅客通行。一个人只能占一个位子，不要躺在椅子上，也不要把脚跷在椅子上。在候车大厅内吃东西时，不要把垃圾随便扔在地上，最好自己带一个小塑料袋放垃圾。不要随地吐痰，也不要把水倒在地上。带小孩的旅客注意，一定要带小孩子到卫生间上厕所，不要为了图方便，直接在候车大厅的角落里方便。

上铺和中铺的旅客不要长时间占用下铺床位。需要坐时，要先询问对方，得到允许后要道谢。上下床时，动作要轻，注意自己鞋上的土不要把下铺的床位弄脏。在其他旅客已经休息时，不要大声喧哗，如需交谈，可以到走廊上或列车两边的洗手池旁。

在火车上使用卫生间时，一定不要随手乱扔废纸或者把卫生间搞得很脏。即"来也匆匆，去也冲冲"。

乘飞机和火车都要注意衣着得体，穿着可以舒适，但不要敞胸露怀。

无论是坐火车还是乘飞机，都要保持安静，不要因为自己开心而让别人不开心，把自己的快乐建立在他人的痛苦之上。

5. 乘坐船舶的礼仪

较之乘坐火车、飞机或公共汽车而言，乘坐客轮不仅舒服、安全，而且有更大的自由活动的空间，有风景如画的湖光山色可以尽情地观赏。因此乘船一直被许多人看作是一件饶有情趣、富有诗情画意的事情。

在客轮上，不像居家，却又胜似居家。然而，要想使自己的乘船旅行一帆风顺，使个人的生活舒畅，使同自己萍水相逢的其他乘客与自己和睦相处，就必须遵守有关的乘船礼仪。

为了确保客轮的安全，登船之前必须接受对人体和行李的安全检查。对此要积极配合，不要加以非议或拒绝。

上船时按先后顺序排队，有可能的话，应早到一些，以便在时间上留有余地。与长者、女士、孩子一起上船时，应请其走在前面，或者以手相扶。

与长辈、女士、孩子一起下船时，可以手相扶，或是请其走在自己身后。这样万一对方有个闪失，走在前面的自己还能有个照顾。

在轮船上进行室外活动时，处处必须以安全为重，切勿心存侥幸心理，自找麻烦。

招人喜欢的 社交礼仪

在自己所属的船舱之内,可以自行安排自己的一些活动,观赏两岸景色,观看电视电影,收听广播、录音机,阅读书报,下棋、打扑克等,都是可以自行选择的自娱活动。同行的亲友一起聊天、散步、做游戏,也是可取的。

进行自娱活动时,注意不要使之妨碍别人,破坏别人的休息或是因此而给别人带来不便,否则应立刻停止。

对于吃剩的事物、废弃的物品、果皮纸屑等,不可随手乱丢,将其扔到甲板上或是水中,也是很不卫生的。

需要更衣时,应到洗手间内进行,最好不要当众"表演"。睡前睡后穿衣服、脱衣服时,也要注意回避他人。当他人更衣时,应起身回避,或是目视他方,不要紧盯不放。

除家人之外,不要注视、打量其他任何酣然入睡的人,对异性尤其不宜如此。